W0355184

Hinweis zu Produktplatzierungen:
Dieser Ratgeber wurde in Zusammenarbeit mit der Katzenmarke Pfotenolymp® erstellt. Pfotenolymp® ist Hersteller von ökologisch vertretbarem und nachhaltigem Katzenzubehör. Wir waren und sind überzeugt von den Produkten von Pfotenolymp® und stellen diese daher hier in diesem Ratgeber vor. Neben den Produkten dieser Marke stellen wir aber noch weitere Produkte von anderen Herstellern vor, die uns ebenfalls überzeugen konnten. Wir haben diese Produkte über sogenannten „Affiliate Links" mit dem Angebot von Amazon verlinkt. Sollten die Links bei dir nicht funktionieren, findest du die vorgestellten Produkte auch unter **Pfotenolymp.de**

Die glücklichste Katze der Welt

PHILIPP PFOTE

Philipp Pfote ist ein Label der EK-2 Publishing GmbH

Friedensstraße 12
47228 Duisburg
Registergericht: Duisburg
Handelsregisternummer: HRB 30321
Geschäftsführerin: Monika Münstermann

ISBN 9798637152773
Autor: Philipp Pfote
mit Nutzung von Bildern von Adobe Stock, pixabay.com und pexels.com
und der Katzenpfoten von macrovector_official/Freepik.

Die glücklichste Katze der Welt

Was Katzen wirklich brauchen und Katzenhalter wissen müssen, für ein harmonisches Zusammenleben von Mensch und Tier

PHILIPP PFOTE

INHALT

KAPITEL 1

Darf ich mich vorstellen?!

Ich bin Lucky; die glücklichste Katze der Welt

Mein Name ist Lucky. Ich darf wohl ohne Übertreibung von mir behaupten, die glücklichste Katze der Welt zu sein. Das hat nicht nur unbedingt damit zu tun, dass ich eine Glückskatze bin.

Vielmehr hängt es damit zusammen, dass die Leute, die ich bei mir wohnen lasse, mich in- und auswendig kennen. Sie wissen, was ich von ihnen möchte, wenn ich mit ihnen rede und verstehen auch meine Körpersprache. Sie wissen genau, welches Futter mir guttut, welches sie mir lieber vorenthalten sollten, womit ich gerne spiele, sie lassen mich aus dem richtigen Napf zur richtigen Tageszeit speisen und setzen Unmengen guter Ideen um, damit ich mich wohlfühle. Kurzum; ich habe das große Los im richtigen Zuhause bei den richtigen Menschen gezogen.

Du hast auch das Glück, Dein Heim mit einem Stubentiger wie mir teilen zu dürfen? Dann erzähle ich Dir liebend gerne, was meine Menschen so besonders und mich zur glücklichsten Katze der Welt macht. Nicht nur das, ich gebe Dir viele Ratschläge und Tipps, habe Ideen, Vorschläge und Einkaufstipps – alles was Du brauchst, um auch deine Stubentiger glücklich zu machen. Wie muss ein Katzenhaushalt ausgestattet sein? Was ist für mich gefährlich? Womit kannst Du mich beschäftigen? Wie kamen wir Katzen eigentlich in Eure Wohnzimmer? Allen diesen – und noch mehr – Fragen gehe ich mit Dir und für Dich auf den Grund. Um es für Dich übersichtlich und leicht verdaulich zu gestalten habe ich diesen Ratgeber in zwei Teile aufgeteilt. Im ersten Teil erzähle ich Dir viel zu den Katzenbasics, die jeder Mensch, der einer Fellnase wie mir Unterschlupf gewährt, unbedingt wissen sollte. Dieser Teil ist sehr praxisorientiert und Du wirst wahrscheinlich viele Sachen direkt in die Tat umsetzen können. Daher möchte ich auch mit diesem Teil beginnen. Im zweiten Teil möchte ich Dir dann erzählen, wo wir Katzen herkommen und wie wir mit euch zu kommunizieren versuchen. Nach der Lektüre dieses Teils kannst Du dann mit Fug und Recht behaupten, ein wahrer „Katzenversteher" zu sein.

Teil I

KATZENBASICS – PRAKTISCHE RATSCHLÄGE FÜR UNSER ZUSAMMENLEBEN

KAPITEL 2

Meine Freunde und ich

Einzelhaltung oder Gruppenhaltung?

2.1 DIE 5 IRRTÜMER DER EINZELHALTUNG

Ich habe gehört, Ihr Menschen geht davon aus, dass wir Katzen uneingeschränkt Einzelgänger sind. Tatsächlich aber sind die meisten von uns sehr sozial und lieben den Kontakt zu anderen Artgenossen. Hier möchte ich mit Euch einige Irrtümer über (unsere) Einzelhaltung klären:

1. Katzen sind strikte Einzelgänger
Tatsächlich sind viele Wildkatzenarten, z. B. der Serval oder der Ozelot, reine Einzelgänger. Auch die Falbkatze, also meine direkte Vorfahrin, ist fast immer alleine unterwegs. Wir domestizierten Katzen haben zwar viel von unseren Ahnen mitbekommen, aber heutzutage leben wir doch ganz anders als die Katzen in freier Wildbahn. Ich liebe zum Beispiel die Schmusestunden mit meinen Besitzern, was man von meinen „wilden" Artgenossen nun wirklich nicht behaupten kann. Ihr Menschen könnt uns aber den Umgang mit anderen Katzen nicht ersetzen. Uns solche sozialen Kontakte zu ermöglichen, gehört also praktisch zu den Grundlagen einer artgerechten Haltung, genauso wie unsere Fütterung oder das Aufstellen einer Katzentoilette.

2. Katzenbabys werden menschenbezogener, wenn man sie einzeln adoptiert

Ach ja, Ihr Katzenfreunde findet ja nichts niedlicher, als ein putziges Katzenbaby. Daher könnt Ihr Euch auch schnell zu einer Anschaffung eines solchen entscheiden. Leider adoptieren viele Menschen lediglich ein einzelnes Katzenbaby, in der Hoffnung, dass dieses dann umso anhänglicher wird. Dies ist leider ein Trugschluss, denn wenn kleine Katzen vereinsamen, entwickeln sie mitunter schwere Verhaltensstörungen. Es kann sein, dass wir versuchen, die spielerischen Kämpfe, die wir eigentlich mit unseren Artgenossen spielen, an Dir zu erproben. Das kann für Dich natürlich sehr schmerzhaft sein und als aggressives Verhalten gedeutet werden. Als Kitten bleiben wir in der Regel bei unserer Mama, bis wir zwischen acht und zwölf Wochen alt sind. Zu diesem Zeitpunkt ist unsere Sozialisation lange noch nicht abgeschlossen. Deshalb brauchen wir Kontakt zu gleichaltrigen Katzen, mit denen wir spielen, balgen, kuscheln und uns gegenseitig putzen können. Dabei lernen wir immer noch wichtige Verhaltensweisen, damit wir glücklich und gesund aufwachsen können. Ein bereits erwachsener Artgenosse ist für ein Katzenbaby allerdings nicht unbedingt ein geeigneter Partner, weil dieser doch womöglich mehr Ruhe benötigt. Daher sollten Kitten immer mit etwa gleichaltrigen Spielgenossen aufwachsen.

3. Zwei Katzen machen doppelt so viel Arbeit

Wenn z. B. Wohnungskatzen nicht die Möglichkeit haben, durch den Garten zu schleichen, auf Bäume zu klettern und Mäuse zu jagen, benötigen sie automatisch mehr Beschäftigung. So solltest Du natürlich mit einem Kratzbaum und ausgiebigen Spielmöglichkeiten einen guten Ersatz dafür schaffen. Wir haben natürlich Verständnis dafür, dass Du uns nicht den ganzen Tag belustigen kannst, aber trotzdem langweilen wir uns, wenn wir den lieben langen Tag lang alleine sind, auch wenn wir viel Zeit „verdösen". Sind wir nicht allein zuhause, hast Du automatisch weniger Probleme, da wir miteinander spielen und kuscheln können und uns weniger einsam fühlen. Solltest Du uns (ausnahmsweise) einmal eine Nacht alleine lassen müssen, braucht Dich so auch kein schlechtes Gewissen plagen. Hauptsache, Du stellst uns genügend Futter und Wasser zur Verfügung. Mitunter sind zwei oder mehrere Katzen also sogar leichter zu halten als eine einzelne.

4. Meine Katze ist doch glücklich als Einzelkatze

Wir können es Euch leider nicht (immer) zeigen, falls es uns nicht gutgeht. Vielleicht glaubst Du, ich bin entspannt und glücklich als Einzelkatze, während ich tatsächlich still vor mich hin leide oder ich zurückziehe und nur noch schlafe. Manchmal zeigen sich die Folgen erst später, indem wir unsauber werden, Möbel oder Tapeten zerkratzen oder sogar unserem Menschen gegenüber aggressiv auftreten. Der Kontakt zu Dir oder (D)einem anderen Haustier (Hund, Kaninchen, Meerschweinchen) kann uns den Umgang mit anderen Katzen nicht ersetzen.

Schließlich sprechen nur meine Artgenossen und ich dieselbe Sprache. Ausnahmen bestätigen natürlich immer die Regel, sodass es auch Katzen gibt, die reine Einzelkatzen sind. Wurden sie z. B. als Kitten nicht ausreichend sozialisiert oder zu früh vom Wurf getrennt, kann dies der Fall sein. Auch bei älteren Artgenossen, die schon lange alleine gehalten werden, kann eine Vergesellschaftung schwer sein. Diese Katzen sind eventuell tatsächlich alleine zufriedener. Trotzdem kann die Vergesellschaftung einen Versuch wert sein. Schon manch einer meiner Artgenossen ist durch eine Partnerkatze urplötzlich aufgeblüht.

5. Meine Katze versteht sich nicht mit Artgenossen

Sind wir Freigänger, haben wir fast alle schon einmal Ärger mit der Nachbarskatze gehabt. Vielleicht hast Du auch schon mal ein Desaster erlebt, als Du zwei von uns zusammen halten wolltest. Beides lässt aber nicht darauf schließen, dass eine Katze generell eine Einzelkatze ist. Es liegt in unserer Natur eine neue Katze immer erst einmal als Eindringling zu sehen. Das ist besonders dann der Fall, wenn wir lange Zeit alleine gehalten wurden. Da brauchst Du ein wenig Geduld und wir Katzen ein wenig Zeit, um uns aneinander zu gewöhnen. Natürlich kommt es da anfangs zu Streitigkeiten. Das ist bei Euch Menschen beim Kindergarten- oder Schulbesuch am Anfang ja auch nicht auszuschließen. Nach guten zwölf Wochen kannst Du ein erstes Resümee ziehen, ob wir miteinander harmonieren oder eher nicht. Um uns stressfrei zu vergesellschaften und auch dauerhaft gemeinsam zu halten, sollte Dir (und auch uns) auf alle Fälle genügend Platz zur Verfügung stehen, damit wir uns notfalls auch mal aus dem Weg gehen können. Als Faustregel gilt, dass pro Katze mindestens ein Zimmer zur Verfügung stehen sollte. Je mehr Zimmer, umso besser ist es natürlich für mich und meine Artgenossen.

Auch wenn Du alle Voraussetzungen erfüllt hast und es bisher trotzdem noch nicht mit einer Vergesellschaftung funktioniert hat, heißt das nicht, dass wir alleine glücklicher sind. Denn natürlich hängt das auch damit zusammen, wen Du als potentielle(n) Partner für uns ausgesucht hast. Ob wir nun einen männlichen oder weiblichen Partner, einen dominanten oder eher introvertierten oder einen ruhigen oder agilen Artgenossen bevorzugen, hängt natürlich auch von unserem eigenen Charakter ab.

2.2 EINZELHALTUNG CONTRA MEHRFACHHALTUNG VON KATZEN ZUSAMMENGEFASST

Für unsere Einzelhaltung spricht eigentlich nur Euer Wunsch nach (vermeintlichem) Komfort oder – was wirklich selten vorkommen kann – dass es sich bei mir oder meinem Artgenossen tatsächlich um einen Einzelgänger handelt. Hier solltest Du also nicht vorschnell urteilen oder entscheiden und es zumindest einmal (uns zuliebe) mit Artgenossen versuchen. Wenn Du uns in den Genuss des Freigangs kommen lässt und wir so ausreichend soziale Kontakte zu Artgenossen außerhalb der Wohnung haben, ist eine Einzelhaltung denkbar – wenn auch trotzdem nicht wirklich ideal für uns.

Hier noch einmal alle Argumente im Überblick:

Pro Mehrfachhaltung

- Gerade für Katzenwelpen und Wohnungskatzen wichtig für die soziale Entwicklung
- Kontakt zu Artgenossen, die Ihr Menschen nicht ersetzen könnt
- Möglichkeit der Beschäftigung, auch wenn Du mehrere Stunden außer Haus bist
- Gegenseitige Fellpflege, Spielen, Raufen, Kuscheln
- Gegenseitige Unterstützung und „Halt geben"
- Unser Gesellschaftstrieb wird unterstützt
- Als Wohnungskatzen sind wir durch das Spielen und Raufen mit anderen Katzen besser ausgelastet
- Wir langweilen uns weniger und stellen so weniger an (allerdings kann man auch zu zweit viele Dummheiten machen)
- Gerade bei Wurfgeschwistern zu empfehlen, da wir dann bereits eine besonders enge Bindung haben

Pro Einzelhaltung

- Revierkämpfe bleiben aus
- (Vermeintlich) weniger Schmutz
- Geringere Kosten
- Nur bei absoluten Einzelgängern oder Freigängern mit Kontakt zu anderen Artgenossen zu empfehlen

Bitte bedenke dieses, wenn Du Dich mit dem Gedanken trägst, Dein Heim mit mir und/oder meinen Artgenossen zu teilen.

KAPITEL 3

Ein Blick auf meinen Speiseplan

Auch Katzen leben nicht nur von Luft und Liebe

3.1 WIE SICH MEINE VORFAHREN ERNÄHTEN UND WAS MIR GUTTUT

Natürlich sind wir keine Kostverächter und manche von uns können nicht weniger gut betteln als Hunde. Dennoch sind wir keine kleinen Hunde. Diese sind Alles- und Fleischfresser, also *Omni-Carnivoren*. Wir Katzen jedoch sind Fleischfresser, gehören somit zu den *fettliebenden Carnivoren*. Deswegen sind auch schon seit Urzeiten unsere ganze Anatomie und unser Verdauungsapparat auf eine überwiegend fleischliche Nahrung ausgerichtet. Selbst unsere Domestikation hat daran nichts geändert. Unsere einzelnen Stoffwechselvorgänge und unsere Verdauung sind also unterschiedlich zu denen eines Hundes.

Im Schnitt brauche ich etwa 10 Mäuse am Tag, um meinen kompletten Energiebedarf abzudecken. Da es erst seit weniger als 100 Jahren Fertigfutter für Tiere gibt, haben meine Vorfahren sich auch gar nicht anders ernährt. Als Katzenhalter ist Dir wahrscheinlich ohnehin klar, dass wir in erster Linie Fleisch zum Leben benötigen, da es uns hochwertige Proteine, Aminosäuren und Taurin liefert. Gerade ein Mangel an Taurin kann bei uns zu schwerwiegenden Herzerkrankungen und weiteren Gesundheitsproblemen führen. Als Faustregel kann ich Dir mit

auf den Weg geben, dass meine Mahlzeit zu zwei Dritteln aus Fleisch bestehen sollte. Und das dritte Drittel? Das muss ich Dir erklären: Die Wildkatze bzw. meine Artgenossen in der freien Natur verspeisen (hauptsächlich) Mäuse. Diese haben bereits selber pflanzliche Rohfasern und Kohlenhydrate in ihren Mägen. So kommt es, dass unsere Mahlzeit – also die Maus – zu 70% aus tierischen Proteinen und zu 30% aus pflanzlichen Rohfasern und Kohlenhydraten besteht.
Also sollte wirklich gutes Katzenfutter auch zu etwa 70% aus Fleisch und zu 30% aus leichtem Gemüse und Obst bestehen, was die nötigen Ballaststoffe und Kohlenhydrate liefert. Getreide brauchen wir nicht wirklich, da wir die darin enthaltenen Kohlenhydrate nur schwer verdauen und verwerten können.
Sollen wir also gesund aufwachsen, ist für uns eine artgerechte Ernährung die Grundvoraussetzung.

Nun gibt es inzwischen unzählige Sorten an Fertigfutter für uns auf dem Markt. Dieses kann man grob in drei Qualitätsstufen einteilen:

Minderwertiges Futter enthält aus Kostengründen einen hohen Anteil an Bestandteilen, die wir Katzen nicht verwerten können (z. B. Getreide). Der Fleischanteil ist in diesem Futter meist gering.

Mittelwertiges Futter enthält einen höheren Gesamtfleischanteil als das minderwertige Futter, aber auch viele, für uns schlecht verwertbare Bestandteile.

Hochwertiges Futter enthält den höchsten Fleischanteil, sodass wir es viel besser verwerten können. Die Zutaten weisen fast immer eine sehr hohe Qualität auf. Damit Du das Futter schneller einordnen und so auch das für uns richtige kaufen kannst, kann ich Dir hier drei gute Tipps geben:

1. Je niedriger der tägliche Bedarf laut Fütterungsempfehlung angegeben ist, umso mehr kann ich das Futter auch voll verwerten.
2. Je preisgünstiger das Futter, umso wahrscheinlicher ist es, dass das Fleisch von minderwertiger Qualität ist.
3. Je höher der Getreideanteil im Futter ist, umso weniger ist es für uns artgerecht.

Um uns wirklich gut zu ernähren, solltest Du immer einen genauen Blick auf die Zusammensetzung des Fertigfutters werfen.

Welches Futter ist nun besser für uns?

Unsere Biologie ist darauf ausgerichtet, einen Großteil unseres täglichen Flüssigkeitsbedarfes mit der Nahrung aufzunehmen. Je höher also der Wasseranteil der Nahrung, umso mehr entspricht sie auch unseren natürlichen Ansprüchen.
Kommen wir wieder auf die Maus zurück, welche einen Wasseranteil von etwa 70% besitzt. Der Wasseranteil im Nassfutter liegt bei ca. 80%. In Trockenfutter allerdings liegt dieser Anteil bei nur etwa 7% – 10%. So eine geringe Menge hat jedoch Auswirkungen auf unsere Verdauung und Gesundheit. Bekämen wir ausschließlich Trockenfutter, müssten wir wesentlich mehr Flüssigkeit durch Trinken aufnehmen. Unser Körper ist aber darauf ausgerichtet, gute 70% unseres Flüssigkeitsbedarfes über die Nahrung aufzunehmen. Also trinken wir natürlich keine großen Mengen, da wir weniger Durst verspüren. Daraus resultiert zwangsläufig eine recht geringe Menge Harn mit

einer höheren Konzentration der Stoffwechselprodukte, was auf Dauer zu verschiedenen Krankheiten an den Harnwegen führen kann.
Machen wir uns nichts vor: Trockenfutter für Katzen wurde in erster Linie aufgrund der Bequemlichkeit der Menschen erfunden und hergestellt. Eine reine Fütterung mit Trockenfutter ist für uns nicht zu empfehlen. Wenn Ihr uns jedoch bis zu 50% mit Trockenfutter füttern wollt, achtet zumindest auf hochwertiges Futter ohne oder mit einem sehr geringen Anteil an Getreide. Wenn Du es nur als Leckerli verwendest, ist Trockenfutter für uns allerdings unbedenklich.

3.2 WAS DU MIR AUF KEINEN FALL GEBEN SOLLTEST

Ich werde immer wieder versuchen, Dich um den Finger zu wickeln, damit Du mich an Deinen Köstlichkeiten teilhaben lässt. Und wenn wir auch noch so niedlich sind und mit den tollsten Kapriolen aufwarten: Es gibt einige Dinge, die Du uns niemals zum Fressen geben solltest. Ich sage Dir hier, welche Dinge das sind und – vor allem – warum Du uns diese nicht geben sollst:

Generell gesalzene oder stark gewürzte Speisen führen zu Magen- und Darmproblemen und Erbrechen. Im schlimmsten Fall können sie zu einem Nierenversagen führen.

Sämtliche geräucherte Lebensmittel lassen uns dehydrieren und sorgen für Magenschmerzen.

Bei konservierten Lebensmitteln besteht Vergiftungsgefahr.

Rohes Schweine-, Rind- oder Geflügelfleisch birgt eine hohe Infektions-, Vergiftungs- sowie Erstickungsgefahr.

Bei rohem Fisch besteht die Gefahr einer Vergiftung durch Salmonellen.

An leicht splitternden Tierknochen (z. B. Röhrenknochen vom Geflügel) könnten wir ersticken.

Lauch, Knoblauch, Zwiebeln und Schnittlauch besitzen Schwefelverbindungen und bergen somit die Gefahr von Vergiftungen, Blutarmut, Herzfrequenzstörungen.

Zucker und Kohlenhydrate verträgt unser Verdauungstrakt nicht und sie können daher Durchfall und Magenschmerzen, aber auch einen Zuckerschock hervorrufen.

Auch Getreide, wie Weizen, Roggen oder Dinkel ist nicht für unseren Verdauungstrakt geeignet und kann zu Magenschmerzen, Erbrechen und Durchfall führen.

Obst enthält zum einen Zucker, zum anderen Toxine die uns Magenschmerzen und Durchfall bereiten und in schlimmen Fällen zum Tode führen können.

Fütterst Du uns Hundefutter, anstatt Katzenfutter, kann dies zu Mangelerscheinungen führen.

Kaffee und Tee beinhalten Koffein und können somit zu Herzrasen führen.

Weintrauben, Rosinen, Tomaten solltest Du uns wirklich niemals geben. Rohes Schweinefleisch sollte ebenfalls niemals an uns verfüttert werden. Es kann durch die Schweinefütterung mit einem Virus belastet sein, der sich Aujeszky nennt. Für Euch Menschen ist er ungefährlich, bei uns allerdings kann der Virus zum Tod führen. Wenn Du mir etwas Schweinefleisch zubereiten möchtest, stelle unbedingt sicher, dass es durchgegart ist!

Milchprodukte enthalten Laktose, die wir nicht vertragen und führen zu Erbrechen und Magen- und Darmproblemen.

In Avocados und Hülsenfrüchten ist Persin erhalten, welches toxisch ist und deswegen zu Vergiftungen führen kann.

Leber hat einen hohen Vitamin-A-Gehalt, was sich ungesund auf unsere Knochen auswirken kann.

Auch Alkohol und Nikotin solltet Ihr von uns fernhalten, da diese unsere Lunge, Leber und Nieren schädigen.

Ausnahmen hiervon sollten ein absolutes Versehen sein und bleiben. Klaue ich Dir mal ein kleines Stück gewürztes Fleisch vom Teller oder trinke von Deiner Kaffeemilch, ist dies kein Weltuntergang. Trotzdem solltest Du die genannten Lebensmittel von mir fernhalten und sie mir auf keinen Fall regelmäßig erlauben. Im Normalfall wissen wir aber selber ganz genau, was wir ohne Bedenken fressen können und was nicht.

Was Du von Deinem Futter mit mir teilen darfst

Hin und wieder ein kleines Stück Hartkäse oder einen Löffel Joghurt (z. B. als Belohnung) sind für mich OK. Mal ein kleines Stück gekühlte Erdbeere oder Wassermelone an heißen Tagen ist auch erlaubt. Manche meiner Freunde bekommen hin und wieder zerdrückte Banane als kühlen Brei und lieben es. Gedämpftes Gemüse zwischendurch verachten wir auch nicht. Brokkoli, Möhren, Spargel, grüne Bohnen, Gurken, Kürbis und Erbsen kannst Du uns ruhig hin und wieder geben, bitte aber niemals roh. Auch schmackhaft ist für uns ein Brei aus Haferflocken – in Wasser eingeweicht. Alles Vorgenannte soll aber wirklich nur als Belohnung oder Snack angeboten werden.

3.3 WIE OFT UND IN WELCHEN MENGEN ICH (MEIN) FUTTER BRAUCHE

Unser Bedarf an den Hauptnährstoffen Eiweiß und Fett ist deutlich höher als bei Hunden. Zusätzlich benötigen wir Vitamine und Mineralstoffe (Mengen- und Spurenelemente). Kohlenhydrate spielen eher eine Nebenrolle, da wir sie nur schlecht verdauen können. Unser Bedarf an Nährstoffen variiert in gewissen Grenzen und ist von folgenden Faktoren abhängig:

- Rasse
- Körpergewicht
- Alter
- körperliche Aktivität (Wohnungskatze oder Freigänger)
- besondere Anforderungen (z. B. Zuchtkatzen)
- Erkrankungen
- Trächtigkeit

Bereits ab Trächtigkeitsbeginn haben unsere Mädels einen erhöhten Energie- und Nährstoffbedarf. Die Babys hingegen benötigen mehr Eiweiß als wir erwachsenen Katzen. Hier solltest Du auf die spezifischen Nahrungsbedürfnisse in den einzelnen Lebensphasen achten, damit Fehl- und Mangelernährung vermieden werden.

Wie viel Kalorien ich so am Tag benötige

Um das zu beantworten, musst Du erst einmal meinen „Ruheumsatz“ herausfinden. Der Ruheumsatz ist die Kalorienanzahl, die ich zum Leben benötige, bezogen auf 1kg meines Körpergewichtes. Den Ruheumsatz von mir und meinen Artgenossen kannst Du mit 36 kcal pro kg Körpergewicht annehmen. Wie Du also siehst ist der zweite wichtige Faktor für die Berechnung mein eigenes Körpergewicht – das sollte klar sein.
Je nach Lebens- und Aktivitätsphase hängt mein Kalorienbedarf aber nicht nur von meinem Gewicht ab. Zusätzlich ist es wichtig, wie aktiv ich bin und in welcher Lebensphase ich mich gerade befinde.

Im Folgenden findest Du eine Übersicht, welchen Faktor Du mit dem Ruheumsatz (36 kcal x Körpergewicht) einer Katze multiplizieren musst, um die benötigte Kalorienanzahl zu ermitteln:

- Ausgewachsene, aktive Katze ab ca. 1 Jahr =
  Ruheumsatz x 1,6
- Übergewichtige Katze ab ca. 1 Jahr =
  Ruheumsatz x 1,0
- Kranke, erwachsene Katze = Ruheumsatz x 1,0
- Trächtige Katze = Ruheumsatz x 2,0

- Säugende Katze = Ruheumsatz x 2,0 – 5,0 (je nach Anzahl der Welpen)
- Katze auf Diät = Ruheumsatz x 0,8
- Unterernährte Katze, die zunehmen soll = Ruheumsatz × 1,2 - 1,4

Wenn Du mich einmal als Beispiel nimmst: Ich wiege ca. 5 kg, bin schon Erwachsen und sehr aktiv. Damit ergibt sich mein täglicher Kalorienbedarf zu 36 kcal x 5 kg x 1,6 = 280 kcal/Tag.

Auf manchen Futtersorten ist der Nährwert in kcal angegeben, sodass Du mit der gerade gezeigten Formel abschätzen kannst, wie viel Futter ich ungefähr brauche. Leider ist der Nährwert häufig nicht angegeben, sondern nur das Gewicht des Futters. Für diesen Fall gibt es im Internet einen praktischen Futterrechner, der Dir bei der Ermittlung der richtigen Futtermenge helfen kann:

https://www.futterrechner.ch/navita/katzen

Ich – als erwachsene Katze mit meinen 5 kg – sollte damit mindestens 150 Gramm ausgewogenes Futter am Tag bekommen.
Ich mag es natürlich, wenn Du mir gutes Futter kaufst. Noch toller finde ich es aber, wenn Du mir von Zeit zu Zeit etwas kochst.

3.4 DIY: NATÜRLICH DARFST DU AUCH GERNE FÜR MICH KOCHEN

Wenn du mein Futter selbst zubereitest, ist der große Vorteil für uns beide, dass wir genau wissen, welche Zutaten in welcher Menge enthalten sind. Natürlich hast Du nicht immer die Zeit dazu, aber Leckerlis lassen sich in größeren Mengen vorbereiten und wir werden es dir danken. Hier gebe ich Dir ein paar Anregungen, wenn Du für mich den Kochlöffel schwingen möch-test. Die Mengenangaben sind so gewählt, dass Du sie individuell anpassen kannst, da jede Katze andere Bedürfnisse hat.

Katzenfutter de Luxe

Zutaten:
2 Teile Fleisch (bevorzugt Geflügel)
Wenig Butter zum Dünsten
1 Teil Reis
½ Teil Spinat
1 Eigelb,
Roh-Taurin (nach Packungsangabe)

Zubereitung:
Den Reis und den Spinat zusammen ca. 10 Minuten in Wasser köcheln lassen. Währenddessen das Fleisch in etwas Butter leicht andünsten (nicht anbraten), bis es durch ist. Dieses dann in kleine Stücke schneiden und mit Spinat und Reis vermischen. Nach dem Abkühlen das Eigelb untermischen.

Milchsorbet mit Flakes für heiße Tage

Zutaten:

1 kleine Flasche Katzenmilch
1 Ei
1 Päckchen Kitbits oder andere Leckerlis

Zubereitung:
Die Katzenmilch mit dem Ei gut verquirlen. Dann Kitbits (oder andere Knusperlis) in die Masse rühren. Alles einige Stunden in die Tiefkühltruhe stellen. Dann ein wenig antauen, nochmals cremig rühren; fertig.

Leckerlis (gut als Vorrat geeignet)

Zutaten:
300 g Rinderhack
200 g gekochter Reis
1 Ei
Paniermehl

Zubereitung:
Das Hack und den Reis mit einem Ei binden und zu kleinen Kugeln formen. Im Paniermehl wenden und in kochendes Wasser geben. Topf vom Herd nehmen und die Kugeln etwa zehn Minuten im heißen Wasser garen lassen. In kleinen Portionen einfrieren. Portionsweise als Leckerchen ein Gedicht für uns.

Pute mit Reis und Möhren

Zutaten:
1 Putenschnitzel
1 kleine Möhre
1 EL Reis

Zubereitung:
Putenschnitzel in katzengerechte Stückchen schneiden und mit dem Reis und der gestückelten Möhre in Wasser kochen, bis alles schön weich ist. Und das war auch schon alles!

Katzen-Kekse

Zutaten:
125 g Weizenmehl
100 g Margarine
1 TL Melasse (aus Reformhaus oder Bioladen)
30 g Katzenflocken (Hefe oder Vitamine)

Zubereitung:
Margarine und Melasse schaumig rühren, das Mehl löffelweise einrühren und zum Schluss die Katzenflocken unter die Masse mischen. Den Teig zu einer Kugel formen und im Kühlschrank 15 Minuten ruhen lassen. Dann den Teig ausrollen, verschiedene Plätzchen ausstechen und auf Backblech mit Backpapier geben. Mit ein wenig Trockenfutter garnieren und bei 180 Grad etwa 8–10 Minuten backen. Abkühlen lassen.

SCHNELL-GESUND-BREI

Zutaten:
Hühnerbrust
Hühnerbrühe
Katzen-Vitaminflocken
Olivenöl

Zubereitung:
Hühnerbrust kochen und im Mixer zerkleinern. Mit der Hühnerbrühe zu Brei rühren. Zum Schluss noch feine Katzen-Vitaminflocken und einen halben Teelöffel kaltgepresstes Olivenöl dazugeben. Besonders geeignet für alte Katzen, Katzen mit nur noch wenigen oder keinen Zähnen oder erkrankte Katzen. Diese brauchen energiereiche und wohlschmeckende (Extra-) Kost für die nötige Kraft und Ausdauer.

Käse Pralinen

Zutaten:
60 g Naturjoghurt oder Sauerrahm
175 g geriebener Cheddarkäse
75 g geriebener Parmesan
180 g Weizenmehl
60 g Maisgrieß

Zubereitung:
Joghurt, Parmesan, Mehl und Maisgrieß sorgfältig in einer Rührschüssel kneten, bis ein Teig entstanden ist, der sich gut aus-rollen lässt. Ist der Teig zu fest, kannst Du etwas mehr Joghurt hinzufügen. Ist er zu weich, gebe etwas mehr Mehl hinzu. Rolle den Teig dann ungefähr 6 mm dick aus. Nun kannst Du ihn entweder in kleine Rechteckchen schneiden oder mit kleinen Förmchen ausstechen. Denke daran, dass die Leckerlis mundgerecht für uns sein müssen.
Lege nun die Leckerlis mit etwas Abstand auf ein mit Backpapier ausgelegtes Backblech und bestreue sie mit dem Cheddarkäse. Nun werden sie im Ofen bei 180 Grad für ca. 15–20 Minuten gebacken. Fertig sind die selbstgemachten Katzen Leckerli! Bitte lasse sie gut abkühlen, bevor Du uns die ersten Probehäppchen gibst.

3.5 WORAUS ICH MEIN FUTTER AM LIEBSTEN GENIESSE

Auch wenn Du glaubst, es spielt keine Rolle; Napf ist nicht gleich Napf. Und tatsächlich ist es uns nicht egal, worin Du uns unser Futter servierst, auch wenn Du denkst, mit einem Napf kann man ja so gar nichts falsch machen. Am unglücklichsten machst Du uns mit einem Plastiknapf. Nicht nur, dass ein solcher durch Weichmacher einen für uns unangenehmen Eigengeruch hat, er speichert manchmal auch den Geruch des Futters, was für uns nach mehreren Mahlzeiten nicht appetitlich ist. Dadurch, dass diese Näpfe auch schnell zerkratzen, können sich in diesen Kratzern Spülmittel, Futterreste, Bakterien oder Staub ansammeln. Auf Dauer macht uns das Essen aus solchen Näpfen also krank.

Der ideale Napf für uns sollte somit aus Edelstahl, Keramik, Melamin oder Glas sein. Die Randhöhe sollte 5 cm nicht übersteigen und der Durchmesser sollte auf keinen Fall weniger als 8 cm betragen. So können wir sicher sein, dass wir mit unseren Schnurrhaaren (Vibrissen genannt) nicht an zu tiefen oder zu kleinen Näpfen an-stoßen. Das ist für uns meist sehr unangenehm, da diese Tasthaare sehr empfindlich sind. Sinn ergibt es auch, wenn der Napf uns etwas zugeneigt ist, so dass wir unseren Kopf nicht zu weit herunter bücken müssen.

Damit die Napfpflege für Euch Menschen nicht zur Last wird, ist es ein großes Plus, wenn der Napf spülmaschinenfest ist. Da ich beim Essen auch schon einmal gerne alles um mich herum vergesse, ist es ratsam, wenn der Napf eine rutschfeste Unterlage hat.

Einige von meinen Artgenossen neigen zum regelrechten Schlingen ihres Futters, welches sie dann nach kurzer Zeit wieder er-brechen. In solch einem Fall empfiehlt sich ein Anti-Schling-Napf, in welchem „Hindernisse“ eingelassen sind, um die wir Katzen dann „herumfressen“ müssen. Das nimmt mehr Zeit in Anspruch, so dass ein Schlingen verhindert wird.

LUCKY EMPFIEHLT

Wenn Du uns nicht nur eine Sorte Futter servieren willst, dann freue ich mich, wenn Du mir eine Futterbar kaufst. Diese gibt es häufig schon zum kleinen Preis aus umweltverträglichem und hübschem Bambus. Meine Dosenöffner haben mir die oben abgebildete Futterbar aus Bambus gekauft. Die Besonderheit hier ist, dass Du die Näpfe nachkaufen kannst, sollte mal einer kaputt gehen, oder Du einen zweiten Satz für deine Spülmaschine haben willst.

Der Standort meines Napfes will durchdacht sein

Wir mögen es, wenn wir beim Essen nicht gestört werden und ohne Umwege unser Futter erreichen. Daher solltest Du für unseren Futterplatz eine ruhige, gut zugängliche Stelle wählen. Ein Futterplatz neben der Waschmaschine, dem Fernseher, den Lautsprecherboxen oder in einem Durchgangszimmer ist daher nicht wirklich angenehm für uns. Du magst bestimmt Dein Mittagessen auch nicht gerne auf der Toilette zu Dir nehmen, deswegen sollten unser Futter und unser Wasser auch nicht direkt neben unserem Katzenklo angeboten bzw. aufgestellt werden.

In der freien Natur fressen meine Artgenossen und ich übrigens instinktiv niemals dort, wo wir auch trinken. Dort könnte das Wasser durch Blut oder Reste unserer Beute verunreinigt werden. Daher danken wir es Dir, wenn auch Du unseren Wassernapf einige Meter entfernt von unserem Fressnapf aufstellst.

Wenn Du mit mehreren von uns Stubentigern Dein Zuhause teilst, ist es mitunter sinnvoll, auch mehrere Futterplätze einzurichten. So kannst Du Ressourcenbeanspruchung und Futterneid vorbeugen. Manche von uns Beanspruchen den Futterplatz für sich alleine, auch wenn Du es nicht immer direkt merkst, z. B. wenn wir uns anstarren. Aber es gibt auch welche unter uns, die sich ganz offensichtlich quer vor den Futterplatz legen und andere hungrige Katzen ganz einfach mit den Pfoten verscheuchen.

KAPITEL 4

Wir Katzen mögen keine Langeweile

Womit wir uns gerne beschäftigen

Auch wenn wir den Großteil unseres Tages dösend auf unserem Lieblingsplatz verbringen, möchten wir gerne beschäftigt und belustigt sein. Natürlich balgen wir auch gerne mit unseren Freunden herum, wenn wir in einem Mehrkatzenhaushalt leben, aber so ganz ohne Spielzeug ist es manchmal doch langweilig. Vor allem, wenn wir nur in der Wohnung leben und auf das aufregende Leben draußen verzichten müssen.
Im Prinzip sind wir wenig anspruchsvoll, was die Wahl der Spielzeuge betrifft. Hauptsache es bewegt sich und macht Geräusche. Wenn das Spielzeug Geräusche macht (klingelt, raschelt, rattert) gefällt mir das ausgesprochen gut. Wenn ich es wie eine Beute jagen kann, bin ich auch Feuer und Flamme. Eigenes Spielzeug hat allerdings auch für Dich einen Vorteil, so buddele ich nicht Deine Pflanzen aus oder vergehe mich an elektrischen Kabeln. Und auch für mich bringt geeignetes Spielzeug nur Vorteile:

- Es befriedigt meinen Jagd- und Spieltrieb
- Es fördert meine Fitness und beugt Übergewicht vor
- Es verbessert meine Intelligenz
- Es beugt Verhaltensauffälligkeiten vor

- Es fördert die Beziehung zwischen Dir und mir

Möchtest Du nun Spielzeug für mich anschaffen, solltest Du darauf achten, dass der Spielspaß über einen langen Zeitraum erhalten bleibt. Viel wichtiger ist aber, dass Du auf meine Sicherheit achtest und das Spielzeug nicht gesundheitsschädlich oder gefährlich für mich ist. Ich möchte mir an dem Spielzeug nicht die Krallen ausreißen oder mich anderweitig verletzten, es sollte mich nicht dazu verleiten, es aufzufressen und ich möchte mich natürlich nicht damit strangulieren. Die wichtigsten Punkte, die Du bei der Anschaffung beachten solltest, sind hier zusammengefasst:

- Es sollte keine scharfen Ecken und Kanten haben
- Materialübergänge sollten nicht scharf oder minderwertig verarbeitet sein
- Auf versteckte Drähte oder andere spitze Gegenstände achten, die beim Abnutzen zum Vorschein kommen können
- Wenn es ein elektrisches Gerät ist, sollte es auf alle Fälle ein CE-Siegel besitzen
- Im Kunststoff sollten keine Weichmacher sein
- Es sollte auch frei von Giftstoffen sein, die z. B. in Farben oder Klebstoffen enthalten sein können
- Im Zweifel lieber etwas mehr investieren und dafür qualitatives und ungefährliches Spielzeug aus dem Fachhandel kaufen oder bestellen

4.1 MEINE LIEBLINGSSPIELZEUGE

Im Folgenden möchte ich Dir einmal meine Lieblingsspielzeuge vorstellen und Dir erzählen, was mir dabei besonders wichtig ist.

Laserpointer

Meine Menschen jagen mich gerne mit einem Laserpointer durch die Wohnung. Für sie ist es (natürlich) bequem, für mich ein Heidenspaß. Stundenlang könnte ich diesem roten Punkt hinterherjagen und – unter uns – ich kenne keinen Artgenossen, dem das nicht gefällt. Wenn Du vorher ein paar Leckerlies auslegst, kannst Du uns mit dem Laserpointer am Ende zu den Leckerlies hinführen, sodass wir tatsächlich Beute machen können. Wichtig ist, dass Du mir nicht in die Augen leuchtest und bedacht mit dem leuchtenden Punkt umgehst, so dass ich nirgendwo hängenbleibe, dagegen springe oder gar herunterfalle.

Kratzbrett
Wir lieben es, unsere Krallen – woran auch immer – zu wetzen. Du hasst es, wenn es Deine Möbel oder Tapeten betrifft. Das Kratzbrett wird uns von Deinen Möbeln ablenken und Dir somit auch eine Freude bereiten. Ein interessantes und aus natürlichen Materialien bestehendes Kratzbrett ist da immer besser, als Deine Möbel oder Tapeten. Wie Du deine Wohnung mit tollen Kratzmöglichkeiten ausstatten kannst, erzähle ich Dir noch genauer in Kapitel 7.

Kleine Mäuse oder Bälle
Idealerweise sind sie aus natürlichen Materialien wie Schafswolle, Filz oder Sisal. Es sollten keine verschluckbaren Kleinteile daran zu finden sein. Für uns ein herrlicher Spaß, sie wie eine echte Beute durch die Gegend zu schleudern.

Katzenangel
Es gibt sie in den verschiedensten Ausführungen. Spaß machen sie uns alle. Vor allem, weil Du Dich so mit uns beschäftigst. Denn Du solltest niemals die Katzenangel einfach irgendwo befestigen und sie vollkommen uns überlassen. Zu schnell können wir uns an ihr strangulieren. Daher räume sie nach dem gemeinsamen Spiel bitte auch immer an einen sicheren Ort.

Katzentunnel
Perfekt, um mit Katzenfreunden, aber auch alleine zu spielen. Im Miteinander können wir uns hier wunderbar jagen und verstecken. Aber auch als Einzelkatze haben wir mit diesem Spielzeug Spaß, da wir es lieben, uns zu verstecken und blitzschnell aus unserem Versteck hervorzuspringen, um eine Beute (Ball, Wollmaus etc.) zu erlegen.

Fummelbrett

Verschiedene Spielmodule stellen uns die unterschiedlichsten Aufgaben, wir müssen riechen, tasten und sehen. Mit Leckerlis bespickt sorgt es für körperliche Beschäftigung und geistige Herausforderung, schult unsere Geschicklichkeit und ist auch für ältere oder kranke Artgenossen geeignet. Wichtig ist hierbei, dass ich durch Leckerlies oder einen anderen Reitzeine Rückmeldung bekomme, wenn ich am Fummelbrett spiele.

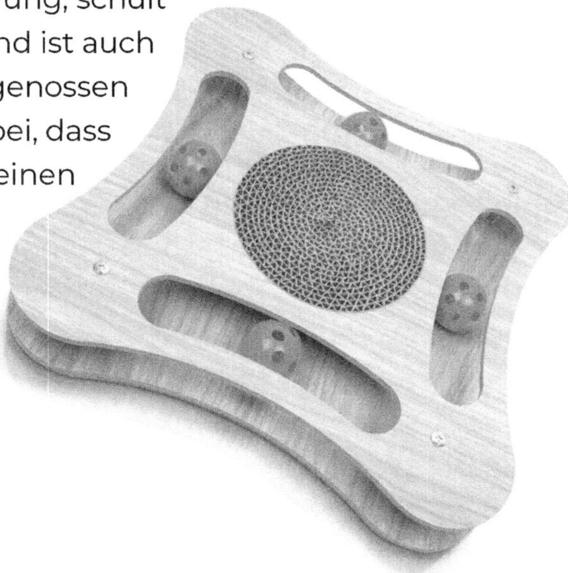

LUCKY EMPFIEHLT

Eine gute Möglichkeit uns dauerhaft zu beschäftigen ist z. B. das hier gezeigte Fummelbrett. Bei diesem Fummelbrett ist zusätzlich noch eine (wechselbare) Kratzpappe eingebaut. Die kleinen Bälle können z. B. auch mit kleinen Leckerlies bespickt werden.

Kleine Säckchen mit Katzenminze oder Baldrian

Die einen bevorzugen Minze, die anderen Baldrian. Ich mag beides. Der Geruch macht uns regelrecht kirre und wir können diese kleinen Säckchen herrlich durch die Luft werfen, uns an ihnen reiben oder sie uns gegenseitig abjagen. Bitte achte jedoch darauf, dass sie auffüllbar und waschbar sind oder wechsele sie ansonsten regelmäßig aus.

4.2 DIY: KATZENSPIELZEUG SELBER BASTELN

Natürlich kannst Du unser Spielzeug auch selber basteln. Uns machst Du damit eine Freude und vor allem wissen wir so beide, dass nur natürliche und keine gefährlichen Materialien an oder in unserem Spielzeug sind. Hier sind einige Vorschläge, die uns Spaß machen. Um Dir den Einstieg zu erleichtern, fange ich mal mit der aller einfachsten Variante an:

Spielzeug von Draußen

Ist Dir übrigens auch schon aufgefallen, dass wir furchtbar gerne an Deinen Schuhsohlen riechen? Manche meiner Artgenossen werfen sich sogar auf Deine Schuhe und wälzen sich darauf herum. Wir finden ganz einfach die Gerüche von draußen sehr spannend. Bring uns doch einfach mal ein paar saubere Blätter, einen Tannenzapfen oder ein Stöckchen von draußen mit. Wir lieben es, daran zu riechen und nutzen diese Dinge gerne als Spielzeug.

Kratzbrett zum Selber bauen

Schon etwas komplizierter, aber auch machbar – bau mir doch einfach aus alter Wellpappe ein tolles Kratzbrett. Schneide aus einem dicken Stück Wellpappe einen ca. 20 cm breiten und ca. 80 cm langen Streifen, den Du fest zu einer Schnecke zusammenrollst. Damit das Ganze zusammenhält, solltest Du während des Aufrollens etwa alle 10 cm einen Tropfen Heißkleber setzen. Noch besser für uns ist doppelseitiges Teppichklebeband. Fertig ist die Kratzrolle!

Leckerli-Rolle

Wirklich einfach und auch wahnsinnig schnell gebastelt. Nimm einfach eine leere Klopapierrolle und knicke ein Ende zusammen, um es zu verschließen. Dann füllst Du ein feines Katzenleckerli in die andere Seite hinein und knickst auch dieses Ende gut zu, so dass die Rolle nun auf beiden Seiten verschlossen ist. Schon hast Du ein Spielzeug gebastelt, was uns eine ganze Weile beschäftigt und am Ende sogar noch belohnt. Es sind ja nicht alle Katzen so schlau wie ich, daher kannst Du auch einige Löcher in die gefüllte Rolle hineinschneiden. Dann finden auch die Dummies unter uns die Leckerlis.

Fummelbox

Schau nach einer schönen Kunststoff-Vorratsbox oder einem einfachen Schuhkarton und einem Schwung leerer Klopapierrollen. Am besten ist es, wenn der Karton in etwa die gleiche Höhe hat, wie die Rollen, damit diese den richtigen Halt haben. Stelle nun einfach alle Klopapierrollen in die Box, so dass sie nicht umkippen können. Darüber streust Du nun unser Lieblings-Leckerli (ruhig auch in die freien Räume zwischen die Rollen). Wenn Du Glück hast, haben wir den Dreh nicht ganz so schnell raus und wir sind ein ganzes Fußballspiel lang beschäftigt, sodass wir Dich in Ruhe fernsehen lassen. Manche von uns sind nicht ganz so aktiv und gewitzt. In so einem Fall kannst Du die Klopapierrollen auch einfach halbieren und in eine flachere Box stellen.

Sockenmaus mit Katzenminze

Fast alle von uns sind verrückt nach Katzenminze. Für die einen ist es belebend, für die anderen beruhigend. Mit ein wenig Zeit und Geschick kannst Du uns ein tolles Spielzeug selber basteln. Besorge Dir eine Fingersocke in Kindergröße und nähe die beiden äußeren und den mittleren Zeh fest an die Socke an. Dann stopfe eine Mischung aus Katzenminze und Füllwatte in die Socke und vergiss die zwei übrigen Zehen nicht, die als Ohren dienen sollen. Zupfe das Ganze nun in die „Mausform" zurecht, die zwei „Ohrenzehen" nähst Du am Ansatz an die Socke fest. Für den Mäuseschwanz nähst Du nun ein längeres Filzband an die Öffnung der Socke. Rund um diesen Mäuseschwanz nähst Du die Socke dann komplett zu. Dort, wo die Nase hingehört, zupfst Du nun ein wenig, um ein spitzes Gesicht in die Sockenmaus zu machen. Daran nähst Du einen Pompon aus Filz oder Wolle. Darüber, etwas versetzt, nähst Du noch zwei runde Filzscheiben als Augen. Bitte verwende hier keine Knöpfe oder Perlen, weil wir diese zu schnell abreißen und verschlucken könnten. Nun knote noch zwei etwa 10 cm lange Stücke eines Bastbandes um den Ansatz des Pompons und schneide diese anschließend mittig ein, damit unsere Spielmaus auch richtige Barthaare besitzt.

Quelle: fotokasten.de/blog/katzenspielzeug-selber-machen

Spielkorken

Ab sofort solltest Du Deine Weinkorken immer aufbewahren, wenn sie für Dich auch Müll sind: WIR können bestimmt etwas damit anfangen. Bohre einfach ein kleines Loch in eines der Korken-Enden und stecke Federn, Bast, oder auch andere leichte Dinge hinein. Wir können uns stundenlang damit beschäftigen. Achte bitte nur drauf, die Dinge wegzuräumen, nachdem wir unser Spiel beendet haben, damit kein Stück Bast, eine Feder o. ä. in unserem Bäuchlein landet.

Katzengras

Das für Euch bekannteste und am meisten benutzte Gewächs für uns ist wahrscheinlich Katzengras. Ich knabbere liebend gerne an Pflanzen. Wenn Du mir einen schönen Topf mit Katzengras zur Verfügung stellst ist die Wahrscheinlichkeit hoch, dass ich dafür deine anderen Zimmerpflanzen in Frieden lasse. Für mich ist beim Katzengras wichtig, dass es mir hilft die verschluckten Haare aus meinem Magen wieder hoch zu würgen. Schaffe ich das nicht, kann das im schlimmsten Fall zu einem Darmverschluss führen. Aber nun die gute Nachricht: Du kriegst Katzengras nahezu überall und die Samen sind sehr günstig. Beim selber Anpflanzen musst Du darauf achten, dass das Katzengras nicht zu feucht wird, da es sonst schnell schimmelt. Ein Pflanztopf mit einem Wasserloch und ein Untersetzter lösen das Problem.

Da meine Dosenöffner genug Arbeit mit mir haben und ich ein Auge für Ästhetik habe, gibt es bei mir zuhause dieses Katzengras Pflanzset mit einem Keramiktopf. In dem Set ist alles drin, was Du brauchst um bei Dir zuhause eine kleine Katzengraszucht aufzubauen. Um Dir beim Anpflanzen vom Katzengras zu helfen gibt es zum Pflanzset ein kleines Erklärvideo mit dazu.

4.3 DIY: DEIN KLEINER KRÄUTERGARTEN FÜR DEINE FELLNASE

Nicht wirklich zum Spielen, aber eine tolle – und dazu noch gesunde – Beschäftigung ist ein liebevoll gestalteter Kräutergarten für uns. Ich erkläre Dir nun, welche Kräuter für uns ungefährlich und wohltuend sind und gebe Dir dann ein paar Tipps, wie Du bei Dir zuhause einen kleinen Kräutergarten für uns anlegen kannst.

Katzenminze & Minze
Kaum etwas lieben wir so sehr wie Katzenminze. Ihr Duft hat eine betörende Wirkung auf uns, der Geschmack jedoch beruhigt uns etwas. Normale Minze ist auch ganz nett und für uns ungefährlich, diese wirkt nur nicht ganz so berauschend.

Baldrian
Während auf Euch Baldrian meist eine beruhigende Wirkung hat, löst es bei uns genau das Gegenteil aus: Wie auch bei Katzenminze sind wir einfach verrückt danach und der Duft und der Geschmack von Baldrian lassen uns nahezu im siebten Katzenhimmel schweben.

Rosmarin
Auch wenn Du es kaum glauben magst, hat Rosmarin einen sehr positiven Effekt auf uns Katzen. Denn es vertreibt nicht nur Flöhe, sondern dient uns auch als Linderung für Juckreiz.

Lavendel
Den Duft von Lavendel lieben wir Katzen einfach. Außerdem wirkt das Kraut sehr beruhigend auf uns.

Zitronengras
Durch seine antibakterielle und keimreduzierende Wirkung unterstützt Zitronengras unsere Verdauung.

Weitere unbedenkliche Kräuter und Pflanzen sind auch Katzengamander, Petersilie, Dill, Fenchel, Kerbel, Liebstöckel, Salbei, Löwenzahnkraut, Thymian, Majoran, Zitronenmelisse und Basilikum.

LOS GEHT´S!

Du benötigst nun folgende Dinge für Deinen eigenen Katzen-Kräutergarten:

- Eine große Pflanzschale mit Untersetzer
- Bio-Erde (es gibt hier sogar spezielle Erde für Kräuter)
- verschiedene Kräuter und Pflanzen für Katzen (habe ich Dir oben vorgestellt)
- Eine kleine Blumenkelle o. ä.
- Dekoration, z. B. Steine, Holzrinde oder kleine Tonfiguren
- Optional Wassernapf

Anleitung:
Zuerst füllst Du die Pflanzschale komplett mit Erde. Bei schon gezogenen Pflanzen füllst Du Sie nur etwa bis zur Hälfte. Setze nun die Pflanzen nebeneinander ein oder säe die jeweiligen Samen im richtigen Abstand aus. Dabei kommt es ganz auf die Samen an, wie tief diese eingepflanzt werden müssen. Du kannst auch eine Stelle freilassen, an der Du später einen Wassernapf (quasi als I-Tüpfelchen) platzieren kannst. Nun noch das Ganze mit ein paar Steinen, Holzrinde oder anderen Naturelementen dekorieren, die Pflanzen gießen und dem Ganzen etwas Zeit geben – fertig ist mein Kräutergarten.

KAPITEL 5

Sauberkeit im Katzenhaushalt

5.1 DIE KATZENTOILETTE

Wir bekommen bereits im Kittenalter von unserer Mama die nötige Sauberkeit beigebracht. Solange wir es noch nicht selber können, regt Mama durch Lecken an unserem Bäuchlein die Verdauung an und hält die Wurfkiste sauber. Wir lernen dann relativ schnell, das Katzenklo zu benutzen, wenn es uns zur Verfügung steht. Wenn wir uns erst an das Katzenklo gewöhnt haben, werden wir es fortan regelmäßig aufsuchen. Schließlich sind wir Gewohnheitstiere. Vielleicht denkst Du, es ist nicht von Wichtigkeit, für uns jedoch spielt es schon eine Rolle, wo unsere Katzentoilette steht. Ist der Standort nicht optimal gewählt oder wird plötzlich geändert, neigen wir auch schon mal dazu, unsauber zu werden. Gerade deswegen ist die Platzierung unseres Katzenklos enorm wichtig! Wichtig für unser „Geschäft" ist ein ruhiger Ort, der uns zu jeder Zeit zugänglich ist. Wähle also bitte keine zugigen oder lauten Orte, wie Durchgangszimmer und Flure. Gerne sehen wir unsere Katzentoilette in Zimmerecken, hier sind zwei Seiten des Klos schon einmal abgeschirmt. Auch wir sind nämlich gerne ungestört bei unserem Toilettengang.

Wer isst schon gern neben dem Klo? Auch wir Katzen nicht! Des-wegen sollte unser Katzenklo weit genug vom Futterplatz entfernt sein, am besten in jeweils unterschiedlichen, voneinander getrennten Räumen. Wir haben einen wirklich sensiblen Geruchssinn und sehr empfindliche Nasen, daher ist es

ratsam auch den Schlaf- und Ruheplatz in einiger Entfernung zu unserer Katzentoilette einzurichten.
Nutzt Du mehrere Katzentoiletten (z. B. weil auch mehrere Katzen in Deinem Haushalt leben), solltest Du diese nicht in einer Reihe nebeneinander aufstellen, sondern an unterschiedlichen Plätzen im Haus, um die Wege dahin möglichst kurz zu halten.
Hierbei gilt: Anzahl der Katzen + 1 = Anzahl der Katzentoiletten im Haus. So kommt es zu keinerlei Unstimmigkeiten zwischen mir und meinen Artgenossen, wenn eine Toilette besetzt ist oder gerade frisch benutzt wurde. Manche von uns trennen auch gerne ihr kleines und ihr großes Geschäft, wozu Du uns so die Gelegenheit gibst.

Bei Größe und Form des Katzenklos solltest Du darauf achten, dass für Katzenwelpen ein möglichst niedriger Rand vorhanden ist, damit die Kleinen sich nicht zu sehr anstrengen müssen, um ihr Geschäft zu erledigen. Ab einem Alter von etwa 12 Wochen kann ein Katzenwelpe von seiner Mama getrennt und in einen Haushalt adoptiert werden. Dann hat es bereits von seiner Mama gelernt, die Toilette zu benutzen und ist stubenrein.
Für die Kitten solltest Du auch bitte keine Klumpstreu verwenden, da die Welpen dazu neigen, dieses zu fressen. Wenn die Streu im Magen-Darm-Trakt klumpt, drohen lebensbedrohliche Folgen und ein Tierarztbesuch ist unausweichlich.
Wenn die Kleinen größer werden, muss auch das Katzenklo „mitwachsen". Wir müssen uns beim Toilettengang immer voll ausstrecken und ohne Probleme umdrehen können, ohne ständig irgendwo anzustoßen. Es sollte nicht nur groß genug, sondern auch mit genügend Einstreu gefüllt sein, damit wir problemlos unsere Hinterlassenschaften in der Streu verschar-

ren können. Das Verscharren ist ein uns angeborener Urinstinkt, der bereits meinen wildlebenden Vorfahren dazu diente, vor Feinden unentdeckt zu bleiben und somit ihr Überleben zu sichern.
Im Fachhandel werden verschiedene Katzenklos mit und ohne Deckel angeboten. Beide haben ihre Vor- und Nachteile für uns. Einige von uns bevorzugen Modelle mit Deckel, weil sie sich komplett zurückziehen und ihr Geschäft ganz ungestört verrichten möchten. Das Unangenehme an diesen Katzenklos ist, dass sich hier drin unangenehme Gerüche sammeln und anstauen, die viele von uns dazu veranlassen, ihr Geschäft an anderen Orten zu verrichten. Wir sind nun einmal extrem geruchsempfindlich.
Die Klappe von Katzenklos mit Deckel sollte für uns leicht und ohne Probleme zu öffnen sein. Viele dieser Klos sind mit Aktivkohlefilter ausgestattet, die der unangenehmen Geruchsbildung vorbeugen, wodurch unser Zusammenleben für euch Menschen deutlich angenehmer werden kann.

Für Dich weniger erquickend, für uns aber umso notwendiger ist die regelmäßige Reinigung unserer Katzentoilette. Die Reinigung sollte mindestens 1 x täglich, besser aber mehrmals am Tag, durch das Entfernen unserer Ausscheidungen mit einer Schaufel erfolgen. Auch wenn wir sehr sauber sind, können wir Dir das leider nicht abnehmen. In regelmäßigen Abständen, ca. alle 1 – 2 Wochen (evtl. früher), muss die Streu komplett entsorgt und das Katzenklo feucht ausgewischt werden.
Im Zoofachgeschäft werden dafür spezielle, geruchsbindende Reiniger angeboten, allerdings funktioniert das Ganze auch hervorragend mit Essig (bitte keine Essigessenz).

Damit wir nicht die komplette Einstreu nach unserem Toilettengang quer durch die Wohnung tragen, gibt es spezielle Vorleger für unsere Katzenklos. Für einige Euro kannst Du deiner Fellnase im Tiergeschäft bereits einen kleinen PVC Vorleger kaufen. Durch die feinen Härchen auf der Oberfläche soll sich die Katzenstreu dort verfangen.

Das Problem bei diesen einfachen Vorlegern ist jedoch, dass die Streu im Anschluss umso schwerer wieder aus dem Vorleger zu entfernen ist, was dazu führt, dass er früher oder später sehr unsauber wird.

Wirkliche Erleichterung vor meinem stillen Örtchen bringt in der Regel erst eine zweilagige Katzenstreu Matte. Diese hat eine spezielle Oberfläche, welche dafür sorgt, dass sich meine Pfoten beim Drüber laufen spreizen und ich die Streu auf der Matte verliere. Durch die zweilagige Konstruktion sammelt sich die Streu auf der Untermatte und kann dann zurück ins Klo geschüttet werden. Diese Matten funktionieren mit jeder feinen und mittelgroben Katzenstreu. Je nachdem wie es bei Dir zuhause aussieht, gibt es die Matten auch in unterschiedlichen Farben.

Bei der Wahl der Katzenstreu Matte solltest Du darauf achten, dass das Material keine giftigen Stoffe enthält und dass die Matte für den Transport nicht geknickt wird. Eine sehr gute Matte findest Du z. B. hier.

5.2 WENN WIR PLÖTZLICH UNSAUBER WERDEN

Leider kann es geschehen (ja, auch mir ist es bereits passiert), dass wir Katzen plötzlich unsauber werden. Hier musst Du etwas genauer hinschauen, weil wir nicht in Deiner Sprache mit Dir kommunizieren können. Es ist wirklich sehr unwahrscheinlich, dass wir – reinlich, wie wir sind – „daneben machen", um Dich zu ärgern. Oft ist die Ursache für Dich jedoch nicht ganz einfach herauszufinden.

Bitte checke als Erstes in so einem Fall immer erst einmal unseren Gesundheitszustand. Nicht nur Erkrankungen im Urogenitaltrakt, auch Probleme mit der Schilddrüse oder Schmerzen (häufig bei unseren Senioren) können zu Unsauberkeit führen. Auch wenn Du plötzlich den Standort meiner Katzentoilette veränderst oder eine andere Streusorte benutzt, kann uns das dazu veranlassen, nicht mehr das stille Örtchen für

unsere Hinterlassenschaften zu nutzen. Möchtest Du also eine neue oder andere Sorte Katzenstreu verwenden, sollte der Wechsel immer schrittweise und nicht plötzlich erfolgen. Anfangs solltest Du die neue Sorte mit der alten mischen und den Anteil nach und nach steigern.
Vielleicht gibt es aber auch psychische Gründe, wie Langeweile oder Probleme mit Artgenossen. Um die Probleme zu identifizieren solltest Du systematisch vorgehen, damit gezielte Maßnahmen zur Lösung ergriffen werden können und Du mir wieder auf mein „Stilles Örtchen" zurück hilfst. Diese Maßnahmen können z. B. mehr Beschäftigung (Clickertraining, Ausflüge nach Draußen etc.) oder auch die Inanspruchnahme professioneller Hilfe durch Tierpsychologen oder Tierheilpraktiker sein. Wir Kater fangen übrigens recht früh an (auch in der Wohnung), unser Revier zu markieren. Damit Du von so etwas verschont bleibst, ist eine frühzeitige Kastration ratsam.

5.3 MEIN FELLWECHSEL

Wir wechseln unsere Haarpracht zweimal im Jahr. Im Frühling, um das Winterfell gegen ein geeignetes Sommerfell zu tauschen und zum Winter, um uns ein warmes Winterkleid zu verschaffen, indem wir mehr Unterwolle anlegen.
Der genaue Zeitpunkt des Fellwechsels wird durch Änderungen der Temperatur und der Länge des Tageslichtes bestimmt. Meine Artgenossen, die im Freien leben, reagieren darauf stärker als die, die ausschließlich im Haus leben, da Eure Häuser im Normalfall eine angenehme, konstante Innentemperatur haben.
Du glaubst es vielleicht nicht, aber beim Fellwechsel muss unser Organismus eine wirklich sehr hohe Leistung erbringen. Die ganze Zeit läuft unser Stoffwechsel auf Hochtouren. Häu-

fig sind wir deswegen zur Zeit des Fellwechsels geschwächt und anfälliger für Erkrankungen. Besonders einfach haben es da Pilzinfektionen, wenn wir ohnehin unter zusätzlichem Stress stehen.

Da wir uns regelmäßig putzen, schlucken wir ständig unsere eigenen Haare. Aber gerade im Fellwechsel sind es besonders viele davon. Da diese für uns unverdaulich sind, solltest Du uns zum einen eine Extraportion Katzengras zur Verfügung stellen, damit wir die Haare auswürgen können. Zum anderen solltest Du uns zweimal wöchentlich eine Malzpaste zum Schlecken geben, dann können wir auch einige Haare selber ausscheiden und Deine Wohnung bleibt sauberer.

Katzenhaare, die wir leider auf Kissen und Sofas verlieren, kannst Du entweder mit Gummihandschuhen oder einer speziellen Fusselrolle entfernen. Zur Not tut es auch einfaches Paketklebeband.

Wenn Du meinen natürlichen Prozess des Fellwechsels unterstützen und mir dabei etwas Gutes tun möchtest, sollte meine Nahrung in dieser Zeit besonders hochwertig sein und Eiweiß, Mineralstoffe und ungesättigte Fettsäuren enthalten. Du kannst mich hier zusätzlich mit speziellem Zusatzfutter unterstützen, das Biotin, Bierhefe, Vitamine und Omega-3-Fettsäuren enthält.

Wir alle, besonders aber langhaarige Katzen, benötigen jetzt intensive Fellpflege. Wir sind auf Deine täglichen Einheiten aus ausgiebigem Kämmen oder Bürsten angewiesen, dadurch lösen sich alte Haarbüschel leichter und das neue Fell wächst knoten- und filzfrei nach. Ungekämmtes Katzenfell verfilzt leider recht schnell. Unter diesem entstandenen Filz haben Bakterien und Pilze leichtes Spiel, weil so keine Luft mehr an meine Haut kommt. Die tägliche Pflege wird auch die Beziehung zwischen uns beiden weiter stärken.

LUCKY EMPFIEHLT

Bei kurzhaarigen Katzen, so wie mir, reicht oft ein Fellpflegehandschuh zur Fellpflege aus. Hier bleiben praktischerweise die losen Haare einfach im Handschuh hängen und können später als Büschel herausgezogen werden. Einen qualitativ guter Handschuh, den ich auch sehr gerne mag, ist z.B. der von Dr. Zoo.

Wenn Du uns bei unserer Fellpflege unterstützt, hat das einen weiteren Vorteil: Unser Fellzustand ist quasi unsere Visitenkarte und der Spiegel unserer Gesundheit. Du erkennst daran sehr schnell ob uns irgendetwas fehlt.
Achte bei der Fellpflege bei uns insbesondere auf Hautprobleme, die mit Haarausfall einhergehen können. Verlieren wir also zu einer ungewöhnlichen Zeit auffallend viel Fell, kann eine Erkrankung oder auch ein Mineralstoffmangel vorliegen. Hormonstörungen, Pilzinfektionen, Allergien und Parasitenbefall können bei uns zu Haarausfall führen. Oft sind Hautprobleme mit Juckreiz und entzündlichen Reaktionen (Dermatose), verbunden. Eine genaue Diagnose kann am Ende nur ein Tierarzt stellen. Wie bereits angesprochen kann auch die richtige Ernährung großen Einfluss auf unser Befinden, unsere Gesundheit und am Ende auch unser Fell ausüben. Für schönes Fell, schöne Haut und Krallen ist der Nährstoff Biotin unentbehrlich. Vorzeitiges Ergrauen, glanzloses, trockenes Fell, Haarbruch, Haarausfall, Schuppenbildung, Entzündungen der Haut mit Verschorfung und Juckreiz sind alles Anzeichen für einen Mangel an Biotin. Bei meinen Artgenossen mit Haut- und Fellproblemen hat man durch Zugabe von hochkonzentriertem Biotin ins Futter in vielen Fällen sehr rasch eine Besserung erzielt.

Weiterhin kann Lachsöl eine sinnvolle Unterstützung bieten. Das Fischöl fördert schönes, glänzendes Fell und wirkt sich positiv auf viele Hautprobleme (Juckreiz, Schuppen, trockene Haut, ...) aus. Lachsöl kann in Form von ergänzenden Kapseln oder aus einem Fläschchen verabreicht werden. Eine weitere Möglichkeit bietet Katzenfutter, welches das Fischöl direkt mit in die Rezeptur einbezieht.

KAPITEL 6

Achtung Gefahr!

Was mir zum Verhängnis werden kann

6.1 GEFAHRENQUELLEN IM HAUS

Natürlich, das eigene Zuhause ist ein Ort, an dem man sich normalerweise sicher und geborgen fühlt. Für Dich wird es zu 100 % stimmen, wir jedoch begeben uns öfter in Gefahr, als uns selber bewusst oder auch lieb ist. Da wir von Natur aus furchtbar neugierig sind, lauern im Haus viele Gefahren, die uns leider zum Verhängnis werden können.
Gerade unsere Jugend, die natürlich aktiver ist, begibt sich durch ihre Neugierde leider besonders oft in Gefahr. Damit es uns also gut geht, liegt es an Dir, mögliche Bedrohungen für uns zu erkennen und zu beseitigen.
Im Folgenden versuche ich, die häufigsten Gefahrenquellen für uns im Haushalt aufzuzeigen, und Dir Ratschläge zu geben, wie Du diese beseitigen kannst.

Gekippte Fenster
Auch ich habe als junger Hüpfer bereits versucht, durch ein gekipptes Fenster ins Freie zu gelangen, wurde aber frühzeitig von meinem Menschen gebremst. Wir können schnell in der Öffnung hängen bleiben und uns dabei schlimme Verletzungen zuziehen, die bei vielen Artgenossen sogar schon tödlich geendet sind!

Glaube nicht, dass der schmale Fensterspalt viel zu eng für uns ist, das haben schon viele Katzenhalter unterschätzt. Bei uns Katzen ist der Kopf genauso breit wie der Rest des Körpers; passt also der Kopf durch den Fensterspalt, werden wir natürlich probieren, auch den Rest von uns durch das gekippte Fenster zu schieben. Und so ein Katzenkopf ist schmaler als Du glaubst, unser Fell trägt hier ganz schön auf.

Eine Katze, die aus Neugierde durch ein Kippfenster nach draußen entwischen möchte, wird sich im spitz zusammenlaufenden Spalt verfangen. Panik und hektische Versuche sich zu befreien folgen daraufhin, was natürlich alles nur noch schlimmer macht. Werden wir dann nicht schnell befreit, drohen alleine durch das Abklemmen der Blutversorgung dramatische Verletzungen wie

- Lähmung der Hinterbeine
- Blutgerinnsel in den Bauchgefäßen
- Schäden an inneren Organen
- Knochenbrüche durch die Versuche sich zu befreien

Viele reden hier auch vom „Kippfenstersyndrom". Nicht selten mussten schon viele meiner Artgenossen mit diesen Verletzungen eingeschläfert werden oder konnten nur noch tot aus dem Fensterspalt geborgen werden.
Bitte lüfte also nur mit einem gekippten Fenster, wenn wir nicht in die Nähe des Fensters können und auf keinen Fall, wenn wir alleine Zuhause sind.
Im Fachhandel bekommst Du einen sogenannten **„Kippfensterschutz"** für uns Katzen, was eine mehr als sinnvolle Investition ist.

Halsbänder

Ja, es sieht wirklich süß aus, Halsbänder aber bergen eine riesige Gefahr. Viel zu schnell können wir damit irgendwo hängenbleiben und uns so selber strangulieren. Da wir selber diese Dinger sowieso nicht wirklich mögen, versuchen wir auch gerne, uns daraus zu befreien. Auch hierbei können wir uns furchtbar schlimm am Mund verletzen oder mit einer Pfote hängenbleiben und uns dabei auch strangulieren. Meine Freunde, die hauptsächlich draußen ihre Zeit verbringen, klettern und erkunden wesentlich mehr, weswegen für sie die Gefahr noch um ein Vielfaches größer ist, irgendwo hängen zu bleiben. Ich sage das jetzt mal hier ganz deutlich: Freigänger brauchen KEINE Halsbänder mit Namen und Adresse, sollten sie verloren gehen. Eine Tätowierung im Ohr, eine Registrierung bei Tasso oder ein Chip reichen hier vollkommen aus!
Der einzige Grund, einem Artgenossen ein Katzenhalsband umzulegen, wäre aus meiner Sicht das Anbringen eines GPS-Trackers/Peilsenders, um ihn orten zu können. Das ist sinnvoll bei Streunern, die dauernd und tagelang unterwegs sind und sich dabei u. U. in Gefahr begeben könnten. Für diesen Fall musst Du dann unbedingt ein gutes Sicherheitshalsband verwenden, bei dem sich der Verschluss im Notfall von alleine öffnet.

Balkone und offene Fenster

Kommen die ersten Sonnenstrahlen heraus, gibt es keinen schöneren Ort, als den Balkon für uns. Gerade, wenn wir ausschließlich in der Wohnung leben. Auch wenn wir den Balanceakt beherrschen und wahre Gleichgewichtskünstler sind, können wir Fehler machen oder abrutschen, was nicht selten übel enden kann. Ein Katzen-Netz (im Hintergrund) kann vor gefährlichen Stürzen vom Balkon oder aus Fenstern schützen.

Im Internet und im Fachhandel findest Du zahlreiche Netze. Häufig gibt es diese auch in transparent, sodass sie kaum auffallen.

Katzen-Netze

Gerade rate ich Dir noch, ein Katzennetz zu montieren und nun warne ich davor? Ja, auch Katzennetze selbst können für uns zur Gefahr werden. Sind die Maschen z. B. zu grob, können wir unsere Köpfe in die Maschen stecken. Wenn wir dann in Panik geraten, weil wir uns nicht selbst befreien können, besteht die Gefahr der Strangulation.
So schnell kann also ein vermeintliches Sicherheitsprodukt zur Todesfalle für uns werden.
Achte beim Kauf eines Katzenschutznetzes also bitte unbedingt darauf, dass die Maschen nicht größer als 3 mal 3 cm sind.

Pflanzen

Wir knabbern eigentlich an so ziemlich allem gerne herum. Besonders gerne knabbern wir aber Pflanzen an. Leider gibt es viele Zimmerpflanzen, die für uns pures Gift sind.

Außerdem sind fast alle Pflanzen, die man kaufen kann mit sehr vielen Pestiziden und sonstigen Chemikalien behandelt, die nicht nur für uns, sondern auch für Dich nicht wirklich gut sind. Am besten ist, Du kaufst Dir unbehandelte Pflanzensamen und ziehst Deine Pflanzen und Blumen selbst groß.
Bitte halte auch Gießkannen mit Dünger im Wasser und auch Blumenuntersetzer, in denen sich düngerbelastetes Wasser sammeln könnte, von mir fern.
Mit ein wenig Geduld Deinerseits und ein wenig Willen unsererseits kannst Du uns mit Clicker-Training beibringen, nur an

den für uns bestimmten Pflanzen (zum Beispiel Katzengras) herum zu kauen.

Plastiktüten
Herumliegende Plastiktüten üben einen tollen Reiz auf uns aus. Sie knistern so wunderbar, sind geheimnisvoll und man kann wunderbar hineinkriechen und sich verstecken. Spätestens da besteht jedoch größte Erstickungsgefahr für uns. Außerdem passiert es schnell, dass wir uns an den Griffen der Tüte strangulieren. Lass also bitte niemals eine Plastiktüte herumliegen.

Türen
Ja, selbst eine Tür kann uns zum Verhängnis werden. Nämlich dann, wenn etwa in der Wohnung Durchzug herrscht und wir zum Beispiel mit dem Schwanz in einer zuschlagenden Tür eingeklemmt werden. Türen kannst Du wunderbar mit Türstoppern (Keile aus Holz oder Gummi) sichern, was wir Dir von Herzen danken werden.

Waschmaschine/Wäschetrockner
Für viele von uns sind Waschmaschine und Wäschetrockner der optimale Schlafplatz. Dort ist es warm, eng, wie in einer Höhle, vielleicht sogar noch voller weicher Wäsche, die dazu auch noch nach Dir riecht. Dabei sollten Waschmaschine und Trockner für uns Katzen als Schlafplatz generell tabu sein.
Schaue bitte vor dem Anstellen dieser Haushaltsmaschinen trotzdem immer nach, ob ich nicht gerade zufällig mein Nickerchen darin mache. Am besten, Du scheuchst mich immer sofort raus, wenn Du mich in einer der Maschinen erwischt, damit ich mir so einen Unfug gar nicht erst angewöhne.

Medikamente
Manche Menschen neigen schnell dazu, uns ein Medikament zu geben, welches ihnen selber auch hilft. Aber die Medikamente, die für den Menschen gut sind, können für uns Katzen lebensgefährlich sein. Dazu zählen zum Beispiel Aspirin und andere Schmerzmittel.
Zur ersten Hilfe kannst du uns durchaus mit einer Wund-und-Heil-Salbe behandeln, alle anderen Salben sind tabu. Da wir von Natur aus neugierig sind, solltest Du niemals Deine Medikamente offen herumliegen lassen und immer an einem gesicherten Ort aufbewahren.

Kabel, Schlaufen, Seile, Haargummis
Alles Seil- oder Bindfadenähnliche kann zu einer Gefahr für uns werden, denn wir könnten hier hängen bleiben und uns in Panik selbst schwer verletzen oder sogar töten.
Lasse Schlaufen an Rollos, Kabel, Lichterketten am Weihnachtsbaum oder Ähnliches niemals so herumhängen, dass wir mit Leichtigkeit herankommen.
Kabel, die Strom führen sind zusätzlich gefährlich, falls ich daran knabbern sollte. Eigentlich machen dies zwar die wenigsten Katzen, aber Ausnahmen bestätigen immer die Regel, also solltest Du Kabel am besten so verlegen, dass sie für uns nicht zugänglich sind.

Herdplatten
Heiße Herdplatten solltest Du niemals unbeaufsichtigt lassen, neugierige Stubentiger können sich hier ordentlich die Pfötchen verbrennen.
Natürlich sollte die Arbeitsfläche in der Küche sowieso absolutes Tabu sein, nicht nur wegen des Herdes, sondern auch wegen der vielen scharfen Gegenstände.

Sei also konsequent und setz deine Katze jedes Mal runter, wenn sie auf die Arbeitsfläche springt. Hier darf es keine Ausnahmen geben!

Reinigungsmittel
Wieder ist es unsere Neugier, die uns auch an Reinigungsmittelflaschen lecken lassen würde. Das kann böse mit Vergiftungen oder Verätzungen enden.
Deshalb solltest Du Reinigungsmittel immer so gut wegschließen, dass wir gar nicht erst herankommen. Wenn Du in einem Raum mit Reinigungsmitteln arbeitest, solltest Du mich solange in einen anderen Raum bringen, bis die gereinigten Flächen komplett abgetrocknet sind. Einen zusätzlichen Gefallen tust Du mir, aber auch Dir und der Umwelt, wenn Du nicht allzu aggressive Reiniger auf Bio-Basis benutzt.

Ameisen- oder andere Insektenköder
Köder und Gifte gegen bestimmte Schädlinge solltest Du so ein-setzen, dass ich sie gar nicht erst erreichen kann. Noch besser ist, wenn Du komplett auf natürliche Mittel setzt, zum Beispiel Backpulver oder Kaffeesatz gegen Ameisen.

Wollknäuel
Sieht süß aus (wir sind auch zu drollig), ist aber gefährlich. Wir können schnell einmal den Wollfaden verschlucken und ernsthafte, gesundheitliche Probleme bekommen. Löst sich von einem Wollknäuel ein einzelner Faden und wir bekommen diesen in den Mund, können wir gar nichts anderes mehr machen, als diesen zu verschlucken. Das liegt an den kleinen „Widerhaken" auf unserer Zunge. Mit Sicherheit bekommen wir ihn alleine nicht mehr zurück. Ein verschluckter Faden (an dem dann auch noch das Knäuel hängt) kann zu Entzündun-

gen, Darmverschluss und schlimmen Schäden an den Verdauungsorganen führen.

Wichtig: Wenn ich oder eine andere Katze einen (Woll)Faden verschluckt hat, dann versuch bitte niemals, ihn durch den Mund nach draußen zu ziehen! Haben wir den Faden schon verschluckt, sodass er tief in die Gedärme vorgedrungen ist, kann das Ziehen zu schlimmen Verletzungen führen. Bitte bringe mich in diesem Fall zum Tierarzt, der den Faden operativ entfernen muss.

6.2 GEFAHREN IM GARTEN

Wir lieben es, in der freien Natur herumzustreifen. Dabei bevorzugen wir natürlich einen schönen Garten, anstelle eines Balkons oder einer Dachterrasse. Wir sind dabei jedoch so unbeschwert und neugierig, dass wir selten selbst auf uns achtgeben. Daher benötigen wir Deine Hilfe und verlassen uns darauf, dass Du die Gefahrenquellen für uns minimierst. Bitte sichere einige Stellen für uns ab, damit wir sicher wieder ins Haus kommen.

Regentonne
Solltest Du eine solche besitzen, decke sie bitte immer sorgfältig ab. Zu schnell können wir hineinfallen, aber leider nicht mehr von alleine hinausklettern, weil wir an den glatten Wänden keinen Halt finden. Im schlimmsten Fall würden wir kläglich ertrinken.

Swimmingpool
Hier gilt natürlich das Gleiche wie bei Regentonnen, gerade bei Pools mit einem hohen Rand. Hier kannst Du ein Holzbrett oder eine andere Kletterhilfe am Beckenrand anbringen, über

die wir uns im Notfall retten können. Besser ist natürlich auch hier, den Swimmingpool abzudecken.

Dünger und Pflanzenschutzmittel

Dir mag es eklig erscheinen, aber viele von uns trinken liebend gerne abgestandenes Wasser aus Gießkannen oder anderen Behältnissen. Bitte achte daher ganz genau darauf, kein mit Dünge- oder Pflanzenschutzmittel versetztes Gießwasser offen herumstehen zu lassen.

Zäune

Generell sind Zäune eine feine Sache, weil sie uns davon abhalten (können), blindlings auf die Straße zu laufen. Vergiss aber nicht, dass wir Katzen Künstler der Akrobatik und des Kletterns sind. Möchtest Du uns in Deinem Garten halten, sollte der Zaun mindestens eine Höhe von 180 cm haben. Am besten versiehst Du ihn mit einem Schutz, damit wir nicht hinüberklettern können. Das kann so aussehen, dass an der Spitze des Zauns ein etwa 50 cm breiter Abschnitt zum Inneren des Gartens hin abknickt. Alternativ kannst Du auch einen Plexiglasrand oder ein Katzennetz anbringen.

Gefährliche Pflanzen

Neben diesen Gefahrenquellen für mich und meine Artgenossen gibt es auch viele Pflanzen, denen wir lieber nicht zu nahe kommen sollten. Ich zeige Dir hier in alphabetischer Reihenfolge, was Du uns zuliebe lieber nicht in Haus und Garten pflanzen solltest. Es sieht zwar ganz schön viel aus, aber Du findest bestimmt noch hübsche Pflanzen nach Deinem Geschmack, mit denen Du Dein Heim verschönern kannst. Ich, aber auch die Nachbarskatzen, die bestimmt hin und wieder durch Deinen Garten streifen, werden es Dir danken.

A

- Adonisröschen
- Agave
- Akelei
- Aloe Vera
- Alpenveilchen
- Amaryllis
- Aralie
- Avocado
- Azaleen

B

- Begonie (Schiefblatt)
- Belladonnalilie
- Berberitze
- Besenginster
- Birkenfeige (Ficus benjamini)
- Bittermandel
- Bogenhanf
- Buchsbaum
- Buntwurz

C

- Calla
- Chilipflanze
- Christusdorn
- Chrysanthemen
- Clematis
- Clivia

D

- Dattelpalme
- Dieffenbachie
- Dipladenie
- Drachenbaum

E

- Edelweiß
- Efeu
- Efeutute
- Eibe
- Einblatt
- Eisenhut
- Elefantenohr
- Engelstrompete

F

- Farn-Arten
- Faulbaum
- Feldstiefmütterchen
- Fensterblatt
- Fingerhut
- Flamingoblume
- Flammendes Kätchen
- Flieder
- Frauenschuh

G

- Geißblatt
- Geranien
- Ginster
- Glockenbilsenkraut
- Goldlack
- Goldregen
- Gummibaum

H

- Hahnenfuß
- Hartriegel
- Heckenkirsche (rot)
- Herbstzeitlose
- Hortensien
- Hundepetersilie
- Hyazinthe

J

- Jasmin

K

- Kaiserkrone
- Kaladie
- Kalanchoe
- Kartoffelpflanze
- Kirschlorbeer
- Knoblauch
- Korallenbeere
- Kreuzkraut
- Krokus
- Kroton (Wunderstrauch)

L

- Lebensbaum (Thuja)
- Lein
- Liguster
- Lilien und Liliengewächse
- Lorbeeren
- Lupinen

M

- Magnolie
- Mahonie
- Maiglöckchen
- Märzbecher
- Mistel
- Mohn und Schlafmohn

N

- Nachtschatten und
- Nachtschattengewächse (zum Beispiel Tomaten, Kartoffeln oder Auberginen)
- Narzissen (Osterglocken)
- Nelken
- Nießwurz

O

- Oleander
- Orchideen

P

- Passionsblume
- Palmfarn
- Papierblume (Zimmercalla)
- Pfaffenhütchen
- Philodendron
- Primel
- Purpurtute

R

- Rainfarn
- Riemenblatt
- Rhododendron
- Rittersporn
- Ritterstern
- Rizinus (Wunderbaum)
- Robinie
- Ruhmeskrone

S

- Sadebaum
- Schachtelhalm
- Schierling
- Schlüsselblume
- Schneeball
- Schneeglöckchen
- Seidelbast
- Stechapfel
- Stechpalme (Ilex)
- Spindelbaum
- Strahlenaralie (Schefflera)
- Sumpfdotterblume

T

- Tabakpflanze
- Tollkirsche
- Tollkraut
- Trollblume (Butterblume)
- Tulpe

U

- Usambaraveilchen

V

- Vanilleblume

W

- Waldmeister
- Wandelröschen
- Weihnachtsstern (Christstern, Adventsstern, Poinsettie)
- Weihnachtskaktus
- Wicken
- Wolfsmilch und Wolfsmilchgewächse
- Wunderstrauch
- Wüstenrose

Y

- Yucca-Palme

Z

- Zaunrübe
- Zimmeraralie
- Zimmercalla
- Zwiebeln und Zwiebelgewächse
- Zypresse

Sollte ich oder einer meiner Artgenossen doch mal eine giftige Pflanze o. ä. gefressen haben, ist der erste Ansprechpartner beim Verdacht auf eine Tiervergiftung immer der Tierarzt oder die Tierklinik.
Am besten bringst Du das aufgenommene Gift (z. B. die Pflanze) oder das Erbrochene zum Tierarzt oder in die Klinik (bei Medikamenten oder Chemikalien auch die Packung). Sollten wir noch Gift im Fell tragen, entferne es bitte rasch. In jedem Fall musst Du mich so schnell wie möglich zum Tierarzt bringen.

Zur ersten Hilfestellung für Dich und mich gibt es „Gifttelefone“:

ERFURT

GEMEINSAMES GIFTINFORAMTIONSZENTRUM DER LÄNDER MECKLENBURG-VORPOMMERN, SACHSEN, SACHSEN-ANHALT UND THÜRINGEN (GGIZ)
Nordhäuser Str. 74 99089 Erfurt
Tel. +49 - 361 - 73 07 30
E-Mail ggiz@ggiz-erfurt.de
Website http://www.ggiz-erfurt.de

Mainz

GIFTINFORMATIONSZENTRUM RHEINLAND-PFALZ/HESSEN
Langenbeckstraße 1, 55131 Mainz
Tel. 06131 - 1 92 40 oder 06131 - 23 24 66
E-Mail mail@giftinfo.uni-mainz.de
Website http://www.giftinfo.uni-mainz.de

München

GIFTNOTRUF
Ismaninger Straße 22, 81675 München
Tel. 089 - 1 92 40
E-Mail Tox@lrz.tum.de
Website http://www.toxinfo.med.tum.de

Österreich, Wien

VERGIFTUNGSINFORMATIONSZENTRALE
Stubenring 6, A-1010 Wien
Tel. (+43) 01 - 406 43 43
E-Mail Viz@meduniwien.ac.at
Website http://www.goeg.at/de/VIZ

Schweiz, Zürich

SCHWEIZERISCHES TOXIKOLOGISCHES INFORMATIONS-ZENTRUM
(STIZ)
Freiestrasse 16, CH-8032 Zürich
Tel. (+41) 44 251 51 51
E-Mail **Info@toxi.ch**
Website **http://toxinfo.ch/**

KAPITEL 7

Schöner wohnen

My home is my Katzel

Halten sich Deine samtpfotigen Mitbewohner hauptsächlich in der Wohnung auf, mach es ihnen so gemütlich wie möglich, damit sie sich bei Dir auch wohlfühlen. Achte auf genügend Klettermöglichkeiten, denn wir klettern gern. Auch höher gelegene Schlafplätze sind bei uns allen sehr beliebt. Wir lieben nämlich die Höhe, weil wir uns dort, aus einem Instinkt heraus, sicher und überlegen fühlen. Hier sind wir vor Feinden geschützt und haben einen guten, wenn nicht sogar den besten, Überblick.

Bitte schaffe uns also genug Klettermöglichkeiten. Kratzbäume gibt es in allen Variationen und Größen wie Sand am Meer. Am liebsten mögen wir deckenhohe Kratzbäume und Modelle mit großzügigen Schlafplätzen, Höhlen oder Rollen. Diese Kratzbäume kannst Du zu unserer Belustigung gerne noch ein wenig aufpimpen:

Mit einfachen Regalbrettern kannst Du uns einen spannenden Kletterparcours schaffen, indem Du zum Beispiel zwei Kratzbäume mit einem Brett verbindest oder Regalbretter so an der Wand anbringst, dass wir darauf spazieren gehen können – ein Catwalk eben.

Einfache und günstige Regalbretter aus dem Baumarkt oder von Ikea sind optimal. Damit wir auf der glatten Oberfläche nicht aus-rutschen, solltest Du sie allerdings ein wenig „modifizieren“. Beklebe dazu die Oberflächen der Regalbretter mit

Jute oder Sackleinen oder einem anderen rauen Stoff. Schneide den Stoff passend aus und bring ihn mit einer Heißklebepistole fest an. Wenn wir Dir mehr am Herz liegen, als Deine Ordnung, verbiete uns nach Möglichkeit nicht, auf Schränke oder Regale zu springen. Außer natürlich in der Küche, weil hier die Verletzungsgefahr durch Herdplatten und scharfe Gegenstände einfach zu groß ist.

Da wir gerne an rauen Oberflächen kratzen, solltest Du uns einige Kratzmöglichkeiten schaffen. Wir markieren schließlich über die Drüsen unter unseren Krallen unser Revier, indem diese beim Kratzen ein Sekret, unsere „Duftmarke", aussondern.

Natürlich schärfen und kürzen wir beim Kratzen unsere Krallen auch, weil sie nämlich stetig wachsen und sonst zu lang werden würden. Kratzen ist also eine ganz natürliche Verhaltensweise und keine Unart von uns.

Auch Katzen, die in der Wohnung gehalten werden müssen diesen Trieb ausleben können. Biete uns also in der Wohnung genügend Kratzmöglichkeiten an, sonst würden wir uns schnell über Deine Möbel und Tapeten hermachen. Kratzbäume und Kratzpappen sind für uns die beste und auch schönste Lösung.

Zusätzliche Kratzbretter an der Wand angebracht halten uns mit Sicherheit von Deinem Sofa fern. Wir mögen es, wenn Du uns verschiedene Materialien zum Kratzen zur Verfügung stellst, zum Beispiel Sisal und Pappe. Außerdem kratzen wir gerne in unterschiedlichen Stellungen, also an vertikalen und horizontalen Flächen. Wenn Du uns in unmittelbarer Nähe der „verbotenen“ Kratzstellen (z. B. Sofa) eine „legale“ Möglichkeit anbietest, lassen wir uns umso schneller drauf ein.

LUCKY EMPFIEHLT

Du kriegst schon für wenig Geld einfache Kratzbretter im Tiergeschäft, z. B. dieses hier. Wenn es etwas schicker sein soll, gibt es auch kleine Kratzlounges wie z. B. diese hier. Sie besteht aus mehreren Teilen, fügt sich toll in die Wohnung ein und ich kann für das Kratzen sogar draufsteigen.

Natürlich solltest Du uns immer genügend und vor allem hoch-wertiges Spielzeug anbieten. Darüber habe ich Dir in Kapitel 4 bereits einiges erzählt. Nichtsdestotrotz ist unser Zuhause für uns einfach schöner, wenn ein Artgenosse zum Spielen, Liebhaben und Zanken da ist. Gerade wenn du öfter mal nicht zu Hause bist, wird mir so nicht so schnell langweilig.

Wir sind von Natur aus neugierig und beobachten gerne, daher mögen wir ganz besonders Liegeplätze am Fenster. Ermögliche uns den Zugang zu den Fensterbrettern, damit wir diesem beliebten Zeitvertreib nachgehen können. Jeder Vogel, jeder Regentropfen, jedes herabfallende Blatt wird von uns beobachtet und das gerne stundenlang.

LUCKY EMPFIEHLT

Nicht jeder hat aber eine breite Fensterbank zur Verfügung, auf der ich mich auch mal lang machen kann. Wenn bei Dir am Fenster wenig Platz ist, kannst Du es in den allermeisten Fällen mit einer gemütlichen Fensterliege ausstatten. Damit bescherst Du mir einen neuen Lieblingsplatz. Besonders praktisch für euch Dosenöffner sind Fensterliegen, bei denen ihr nichts Bohren müsst, sondern die einfach mit Schraubklemmen am Fensterbrett fixiert werden.

Bitte sorge in unserem gemeinsamen Haushalt auch für geeignete Rückzugsorte. Wir dösen tagsüber viel und auch, wenn wir gerne mit unseren Artgenpossen herumtollen, möchten wir hin und wieder einfach unsere Ruhe haben. Geeignet sind hierfür zum Beispiel Kratzbäume mit verschiedenen Schlafhöhlen, natürlich auch kuschelige Katzenkörbchen. Alles sollte aber an einem ruhigen Ort stehen und nicht etwa im Flur oder in einem Durchgangszimmer, damit wir wirklich ungestört sein können. Mein absoluter Favorit unter den Verstecken ist meine Katzenhöhle.
Am liebsten mag ich es natürlich, wenn Du mir nicht nur eine Höhle, sondern gleich eine kleine Auswahl an Rückzugsorten bieten kannst.

LUCKY EMPFIEHLT

Falls es dabei in Deiner Wohnung eng wird, kannst Du immer noch eine Höhle kaufen, die in ein Ikea Kallax oder Expedit Regal reinpasst. Das ist nicht nur praktisch für Dich, sondern gibt mir in den meisten Fällen auch die Ruhe, die ich brauche. Es gibt auch Höhlen, die so stabil sind, dass ich mich auch oben drauf legen kann den Überblick zu bewahren. Diese Höhlen kannst Du z. B. hier kaufen.

KAPITEL 8

Es geht in den Urlaub

Lucky allein Zuhaus?!

Ganz selten trifft man mal auf meine Artgenossen, wenn man in einer Ferienhaussiedlung oder auf Campingplätzen Urlaub macht. Wir werden eben doch seltener mit in den Urlaub genommen. Und ganz ehrlich: eigentlich wollen wir dies auch gar nicht. Für eine Reise müssen wir geimpft und gechipt sein, dazu über den Europäischen Haustierausweis verfügen (wenn es ins Ausland geht). Zudem hat jedes Land andere Einreisebestimmungen, die für uns unter Umständen erst einmal zu Quarantäne führen. Wir brauchen dazu einen wasserdichten, gut verschließbaren und belüfteten Transportbehälter, in dem wir möglicherweise etliche Stunden verbringen müssen. Kurzum, eine Fahrt (oder gar ein Flug) gemeinsam mit Dir in den Urlaub bedeutet für uns puren Stress. Den meisten Katzen wirst Du also mit einer Reise wohl keinen Gefallen tun, daher lass uns besser Zuhause.

Da wir sehr ortsgebunden sind, bleiben wir am liebsten in unserer gewohnten Umgebung und verlassen uns darauf, dass Du uns einen vertrauensvollen Katzensitter besorgst. Notfalls ziehen wir für die Dauer Deines Urlaubes zu Deinen Freunden oder Deiner Familie oder werden in einer Tierpension betreut.

In den eigenen vier Wänden bleiben zu können, ist für die meisten Katzen, auch für mich, sicherlich die beste und angenehmste Lösung.

So kommt zu unserer Trauer um den Verlust unseres vertrauten Menschen nicht auch noch der Stress der Eingewöhnung in eine fremde Umgebung hinzu. Allerdings ist es nicht für jeden von uns schön, wenn der Kontakt mit Menschen auf ein winziges Zeitfenster zum Füttern und Versorgen im 24 Stunden Tag zusammenschrumpft. Je lebhafter und jünger wir sind, umso mehr müssen wir dann unter Vereinsamung und Langeweile leiden. Sind wir jedoch zu zweit oder sogar noch mehreren, ist das Alleinbleiben nicht ganz so schlimm.

8.1 DIE URLAUBSBETREUUNG BEI MIR ZUHAUSE

Idealerweise kommt mein Urlaubsbetreuer aus Deinem engen Freundes- oder Familienkreis und Du kennst ihn bereits als verlässlichen, katzenerfahrenen und katzenliebenden Menschen. Gut ist natürlich, wenn auch ich die Urlaubsbetreuung schon von einigen Besuchen bei mir zuhause kenne, so dass ich bereits Vertrauen zu ihm oder ihr habe. Kennst Du meinen Katzensitter allerdings noch nicht so gut, ist es sinnvoll, seine Aufgaben schriftlich festzuhalten: Wie oft soll er kommen, wie viel Zeit mit mir verbringen, wie oft mein Katzenklo säubern, etc.. Dazu sollte man auch eine kleine schriftliche Charakterisierung von mir mit all meinen Vorlieben, Abneigungen und Besonderheiten anlegen: Habe ich Angst vor lauten Geräuschen? Wo verstecke ich mich am liebsten? Lasse ich Fellpflege zu?

Für eine wirklich gute Vorbereitung auf den kommenden Urlaub und meine damit verbundene Betreuung solltest Du:

- mein gewohntes Futter und Katzenstreu in ausreichender Menge für die Zeit der Abwesenheit bevorraten.
- meine Futternäpfe in den kühlsten Raum der Wohnung stellen, da sie möglicherweise innerhalb von 24 Stunden nur einmal gefüllt werden.
- größere und schwerere Wassernäpfe als sonst wählen, damit sie nicht umkippen können und mir auch wirklich immer Trinkwasser zur Verfügung steht.
- einen zweiten Wohnungsschlüssel bei Nachbarn, Freunden oder Familie hinterlegen.
- auch einem Nachbarn Bescheid geben, dass sich jemand regelmäßig um mich kümmern wird.

- regelmäßige Kontrollbesuche durch eine Vertrauensperson vereinbaren.
- einen „Notfallsitter“ unter Nachbarn/Familie oder Freundeskreis haben, falls der Katzensitter ausfällt.
- auch im Urlaub notfalls erreichbar sein.
- die Wohnung katzensicher hinterlassen (Kippfenstersicherung, Balkonnetz, keine Giftpflanzen etc., siehe dazu auch das Kapitel über die Gefahren).

Falls ein Notfall eintritt (was ich selber am wenigsten hoffe):

Auch wenn mein „Mensch auf Zeit“ noch so sehr aufpasst, kann doch immer etwas passieren. Wir könnten einen Unfall haben, krank werden, schnell einmal aus dem Haus entwischen, aus dem Fenster fallen oder ganz einfach vom Spaziergang nicht mehr zurückkehren. In all diesen Fällen sollte mein Sitter nicht viel Zeit verlieren müssen, um die nötige Hilfe zu bekommen. Um

auf Nummer sicher zu gehen, solltet Du unbedingt Kontaktadressen für einen eintretenden Notfall hinterlegen. Wichtig sind hier Nummer und Öffnungszeiten meines Tierarztes/der Tierklinik, Telefonnummern von Freunden oder Familienmitgliedern oder die Nennung eines Nachbarn. Mein Impfpass und der Nachweis für die Registrierung bei einem Haustierregister (z. B. TASSO) sollten griffbereit sein. Auch die Telefonnummern der örtlichen Tiersammelstelle/Tierfundstelle/des Tierheimes solltest Du hinterlegen.

Wichtig, wenn der Katzensitter nicht ein enger Freund oder ein Familienmitglied von Dir ist, sondern das Ganze gewerblich betreibt: Ein gewerblicher Tiersitter braucht, wie der Betreiber einer Tierpension, eine Genehmigung nach §11 des Tierschutzgesetzes. Nach einem Tiersitter mit Referenzen kann man sich beim örtlichen Tierheim erkundigen. Auch manche Katzenpensionen bieten Hausbetreuung an.

8.2 LETZTE OPTION – KATZENPENSION

Wenn ich nun aus irgendwelchen Gründen nicht in unseren eigenen vier Wänden betreut werden kann und für die Zeit Deines Urlaubes zum Katzensitter ziehen muss, muss ich mich zwar erst an eine andere Umgebung gewöhnen, habe aber auch eine intensivere Betreuung.
Ein „Probedurchlauf“ vor dem Urlaub wäre eine tolle Idee, damit mir am Tag X die Eingewöhnung und Trennung von Dir nicht allzu schwer fallen. So könnten mein Sitter und ich schon mal ein paar Tage lang proben, ob wir miteinander zurechtkommen.

Auch hier solltest Du an die oben aufgelisteten Vorkehrungen denken, aber auch unbedingt das Thema Versicherung und

Schadensfall ansprechen. Ich weiß ja nicht, was es in der neuen Umgebung alles so zu erkunden gibt und könnte eventuell auf neue, vielleicht auch zerstörerische Ideen kommen. Unter Umständen mache ich plötzlich Dinge, die mir zuhause nicht in den Sinn kämen, räume dort die Regale ab, zerlege die Yuccapalme in Zahnstocher, falle den Polstersessel an oder ruiniere den Teppich meines Gastgebers.
Bitte kontrolliere vorab auch hier gemeinsam mit meinem Gastgeber, ob die neue Umgebung sicher für mich ist (Kippfenster, Balkon, giftige Zimmerpflanzen, siehe das entsprechende Kapitel).

Bei meiner Versorgung während Deines Urlaubs in einer Katzenpension gilt auch hier: Der Betreiber einer gewerblichen Tierpension muss ebenfalls eine Genehmigung dafür durch den Nachweis von Sachkunde nach §11 des Tierschutzgesetzes vorweisen.

Leider sind die „Herbergsplätze" in einer Katzenpension generell heiß begehrt. Daher musst Du Dich bereits längere Zeit vor dem Urlaub um einen der Plätze für mich kümmern. Um einen zu bekommen, musst Du meine nötigen Gesundheitsatteste vorweisen können. Welche dies sind und welche Fristen nach Operationen und Impfungen eingehalten werden müssen, solltest Du unbedingt bereits einige Zeit vor Deinem Urlaubsbeginn erfragen. Du musst davon ausgehen, dass Kater auf alle Fälle kastriert sein müssen, wir Kätzinnen eventuell aber auch.
Impfungen gegen Katzenschnupfen/Katzenseuche sind inzwischen in jeder Tierpension Bedingung, eventuell aber auch noch Impfungen gegen Katzenleukose und Tollwut. Bevor Du

mich in die Obhut einer Katzenpension gibst muss ich nachweisbar entfloht und entwurmt sein.
Eine Pension, die den Nachweis über die Gesundheit ihrer Pensionsgäste nicht einfordert, solltest Du für mich nicht in Betracht ziehen.

Teil II

KATZEN 2.0 - WISSEN FÜR FORTGESCHRITTENE

KAPITEL 9

Wie meine Vorfahren die Welt eroberten

Und dabei auch Eure Herzen

Allein in Deutschland gibt es heutzutage etwa 13 Millionen (!) Hauskatzen. Schätzungen zufolge gibt es weltweit sogar dreimal so viele Katzen, wie Hunde. Ha, so sind wir Katzen noch beliebter als Hunde, die wir als Eure liebsten Haustiere locker auf den zweiten Platz verweisen. Aber, wie kam es eigentlich zum Zusammenleben zwischen Euch Menschen und uns Katzen? Wie haben es damals noch „wilde" Tiere, wie wir, bis in Eure Häuser, in Eure Wohnzimmer, ja bis in Eure Betten geschafft? Wie seid Ihr Menschen zu diesem unsagbaren Glück gekommen, mit uns Fellchen zusammenleben zu dürfen?

Die Geschichte meiner Ahnen, der Wildkatze, begann tatsächlich bereits vor mehr als 5.000 Jahren. Archäologische Forschungsergebnisse in der Region des Alten Ägypten deuten auf ein harmonisches Zusammenleben bereits seit 3.000 v. Chr. zwischen der Afrikanischen Wildkatze bzw. Falbkatze (Felix sylvestris lybica) und den Menschen hin. So kann man die Falbkatze als ersten Vorfahren der Hauskatze benennen. Noch heute wird die Afrikanische Wildkatze von den traditionellen Völkern oft als Haustier gehalten. Unter Verwendung von DNA-Mapping-Techniken wurden in Südafrika Studien durchgeführt, in denen kein Unterschied zwischen der Hauskatze

und der Afrikanischen Wildkatze gefunden werden konnte. Wobei sich die Europäische Wildkatze (Felis sylvestris sylvestris), von der häufig angenommen wird, dass sie an der Entwicklung der Katze als Haustier beteiligt war, hingegen klar von diesen beiden Arten unterscheidet. Es besteht die Vermutung, dass die Falbkatze gezielt die Nähe ägyptischer Getreidelager entlang der Nilbänke gesucht hat. Hier wurde sie von den vorhandenen Ratten und Mäusen ganz einfach angelockt. Weil meine Vorfahren nun den Nagetieren den Garaus machten, waren sie beim Volk natürlich beliebt. Ganz nebenbei profitierten meine Ahnen auch noch davon, dass es im Vergleich zu den umliegenden Gegenden weniger Raubtiere gab. So konnten sie sich aufgrund ihrer Nähe zu den Menschen mit wesentlich größeren Erfolgsaussichten fortpflanzen.
Die freundlich gesonnenen Katzen haben sich – dank der großen Wurfstärke – in kurzer Zeit geographisch enorm ausgebreitet. Häufig haben damals Menschen noch kleine Kätzchen mit nach Hause genommen und gepflegt, wenn sie mit diesen in Kontakt kamen. So nahm für die kleinen Kitten der Mensch im Laufe der Zeit den Stellenwert der Katzenmama ein. Die kindliche Abhängigkeit meiner Ahnen wurde durch den sehr frühen Kontakt und die Fütterung in der wichtigen Altersphase von zwei bis acht Wochen aufrecht-erhalten. So blieb gerade bei diesen Kätzchen auch mit Erreichen der Geschlechtsreife und des Erwachsenenalters meistens eine starke Bindung zu den Menschen bestehen.

Die alten Ägypter haben uns Katzen irgendwann zu geheiligten Göttern in Katzengestalt erhoben. Wahrscheinlich dank unseres Nutzens, die Lebensmittellager von Nagern und Ungeziefer freizuhalten. Man nannte diese Katzen schlicht „Mau“. Starb nun eine „Mau“, trauerte ihr Mensch schon sehr. Die

„Mau“ wurde ein-balsamiert und in einem Holzsarg bestattet. Riesige Katzengräber von mehreren zehntausend Katzen waren so damals nicht selten. Während meine männlichen Vorfahren als heilige Verkörperung des Sonnengottes Ra galten, wurden meine Vorfahrinnen und auch Löwinnen mit Sekhmet, der vielverehrten ägyptischen Kriegsgöttin, gleichgesetzt. Es wurde im ganzen Alten Ägypten zur leidenschaftlichen Tradition, uns Katzen vor Unheil zu schützen. Jeder Mensch, der unverhofft auf eine verletzte oder kranke Katze traf, floh auf der Stelle aus Angst, für dieses Unglück beschuldigt zu werden.

Die Ägypter waren schon sehr bemüht, dass wir, als ihre geliebten Tiere, nicht außer Landes gebracht wurden. Trotzdem konnten sie es nicht verhindern, dass die Griechen meine Ahnen einfach mitnahmen, um ihr eigenes Problem mit Nagern und Ungeziefer unter Kontrolle zu bringen. In Europa erschienen um 900 v. Chr. die ersten domestizierten Exemplare meiner Spezies.
Letztlich fingen die Ägypter damit an, Katzen an die Römer, Gallier, Kelten und später andere europäische Länder und Stämme zu verkaufen, wodurch sich die Katzenpopulation weltweit stark ausdehnte.

In China waren meine Urahnen bis 500 v. Chr. weit verbreitet. Wobei sie anfangs noch als Geschenk an den Kaiser vergeben wurden. Mit der Zeit wurde auch dem Adel der Besitz meiner Vorfahren gestattet, dann auch den Priestern und zuletzt auch den „normalen“ Bürgern. Viele der Katzen kreuzten sich irgendwann mit den einheimischen Wildkatzen. Einige der Euch heute bekannten Rassen sind so im Laufe der Jahrhunderte entstanden. Auf den Britischen Inseln reicht die erste

Aufzeichnung über Hauskatzen bis 936 n. Chr. zurück, als Howell Dla, Prinz von South Central Wales, ein Gesetz einführte, welches speziell dem Schutz von Katzen diente.
Über die Jahre und Jahrhunderte hinweg änderte sich das glückliche Leben meiner Vorfahren und sie wurden von den Menschen mit Untaten, Krankheiten und Sünden in Zusammenhang gebracht. Papst Innozenz VII. erließ im Jahre 1484 ein Dekret, das vorsah, alle Katzenanbeter in Europa als Hexen zu verbrennen. Papst Innozenz VII war sich sicher, dass Hexen Satan anbeten und dieser den Hexen in Gestalt von Katzen erscheint. Zusätzlich wurden die Katzen, aufgrund ihrer nächtlichen Ausflüge, mit dem Teufel und der Zauberei assoziiert. So ging man bald davon aus, dass jede Katze in Gesellschaft einer alten Frau eine böse Verbündete einer Hexe war. Hunderte Katzen und deren Halter wurden so dem Flammentod übergeben und auf dem Scheiterhaufen verbrannt.

Erst im 17. Jahrhundert änderte sich das Leben meiner Vorfahren wieder zum Positiven, als sie besonders auf Schiffen zu Mäusefängern wurden. Zu Beginn der Viktorianischen Zeit hatten wir Katzen jedoch unsere Akzeptanz als Haustiere fast vollständig wieder-erlangt.
Bis Ende des 19. Jahrhunderts wurden auf den ersten Katzenausstellungen frühe Zuchtrassen vorgestellt. 1871 fand im Londoner Kristallpalast eine große Ausstellung für Britisch-Kurzhaar- und Perser-Katzentypen statt. Etwa zur selben Zeit wurde in New England in den USA die Katzenrasse Maine Coon auf der ersten amerikanischen Katzenausstellung präsentiert. Heutzutage ist unsere Lebensqualität unbestritten so hoch wie nie zuvor. Angesichts einer Aura von übernatürlicher Weisheit und aufgrund unserer Unabhängigkeit ist uns Katzen definitiv eine lange Existenz vorbestimmt.

KAPITEL 10

Was wir Katzen so über Euch Menschen denken

Ein kleiner Einblick in unsere Denkweise

Ihr Menschen habt wirklich nette und liebevolle Worte für uns übrig. Egal ob Fellnase, Stubentiger, Samtpfote: Eure Wertschätzung und Liebe zu uns drückt Ihr durch die nettesten Worte aus.

Doch wie sieht es eigentlich umgekehrt aus? Du hast Dich bestimmt schon mal gefragt, wie wir Katzen Euch Menschen bezeichnen und welche Namen wir Euch geben würden?! Seid Ihr für uns nur die Dosenöffner, haarlose Riesenkatzen oder vielleicht doch so etwas wie eine Ersatz-Katzenmama? Nun erzähle ich Dir einmal ein wenig von meiner Wahrnehmung, was Euch Menschen (als unsere Versorger und Bezugspersonen) angeht. Im Grunde genommen halten wir Euch schon irgendwie für große Katzen, die uns mindestens ebenbürtig und auch nicht gerade dumm sind. Dass wir Dich als ebenbürtig ansehen, kannst Du ganz leicht daran erkennen, dass wir uns an Dir reiben, um Dich herum „schlawenzeln" und schlängeln. Niemals, wirklich niemals würden wir uns an einer anderen Katze oder an überhaupt jemandem reiben, der in unseren Augen minderwertig oder unterlegen ist. Du siehst also, wir halten Dich nicht für dumm und trauen Dir durchaus zu, uns das Wasser reichen zu können.

Wahrscheinlich spielst auch Du mit Hunden vollkommen anders, als Du mit uns Katzen spielst. So scheinst Du doch gut zwischen Katze und Hund unterscheiden zu können. Eure Hunde spielen generell ganz anders mit Euch Menschen als mit anderen Hunden. Das zeigt, dass sie Euch nicht als Hunde, sondern als irgendetwas anderes sehen.

Wir Katzen spielen jedoch haargenau so mit Euch Menschen, wie wir es auch mit anderen Katzen tun. Daran kannst Du erkennen, dass wir Euch in irgendeiner Art und Weise schon auch als Katzen sehen. Allerdings – das muss ich leider sagen – als doch sehr ungeschickte Katzen.
Eine geschickte Katze – und wir Katzen sind alle geschickt – würde niemals über eine andere Katze stolpern oder fallen. Deswegen sitzen wir Dir manchmal einfach im Weg – Wir rechnen ja nicht damit, dass Du über uns stolperst oder fällst. Letztendlich bist Du für uns ja eine Katze.
Wenn das nun doch passiert, können wir ja nur davon ausgehen, dass Du eine furchtbar ungeschickte Katze bist. Es kann gut sein, dass wir das nächste Mal direkt aus dem Weg springen, wenn Du auf uns zugehst. Nun kommt dazu, dass wir leider nicht mit Euch sprechen können. Wir versuchen es, auch wenn unsere Lautäußerungen relativ begrenzt sind, auf subtile, nonverbale Art und Weise. Jedoch versteht Ihr Menschen diese Signale, wie etwa die Bewegung unseres Schwanzes oder die Stellung unserer Ohren, sehr häufig nicht. Dabei kommunizieren wir mit Euch genauso, wie wir erwachsenen Katzen es untereinander auch tun. Auf Lautäußerungen verzichten wir hier weitestgehend.

Wieder ein Zeichen für uns Katzen, dass Ihr zwar auch Katzen, aber ein wenig schwer von Begriff seid. Da ihr unsere nonverbale Sprache nicht versteht, müssen wir uns gelegentlich mit Lauten behelfen um mit euch zu kommunizieren. Also seid Ihr nicht ganz Katze für uns, denn unsere Artgenossen verstehen voll und ganz unsere nonverbale Kommunikation.

Ich habe übrigens bereits im Katzenwelpenalter gelernt, andere Lebewesen in „Beute“ oder „Fressfeind“ einzuteilen. Wenn wir bis zum ersten Lebensjahr Kontakt zu Euch Menschen haben, teilen wir gerne noch in eine weitere Kategorie ein – die der Menschen. Menschen sind für uns Katzen dann erst mal „neutral“. Wie wir jeden einzelnen Menschen von euch sehen, hängt dann in der Tat davon ab, wie ihr euch uns gegenüber verhaltet.
In diesem jungen Alter lassen wir uns übrigens hervorragend auf den friedlichen Umgang mit Hunden prägen. Sind wir allerdings bereits über diesen Zeitpunkt hinaus, wird es mit zunehmendem Alter für uns schwieriger, uns mit Mensch oder Hund anzufreunden. Tatsächlich verhalten wir uns Euch Menschen gegenüber, wie wir es unserer Mama gegenüber tun oder getan haben. Dazu gehören auch unsere beschränkten Laute (unser Miauen). Schlussendlich gebt Ihr uns Futter und

Streicheleinheiten, wenn wir das einfordern und das kennen wir alles schon von unserer Mami. Wenn wir Dir übrigens hin und wieder halb zerlegte Mäuse, Vögel oder auch Maulwürfe vor die Füße werfen und Du uns überschwänglich lobst, weil Du glaubst, es ist ein „Geschenk“ an Dich, muss ich Dich hier leider ein wenig enttäuschen. Unser Verhalten hat eher nur am Rande etwas mit Euch als Menschen zu tun. Wir Katzen glauben vielmehr, dass Ihr – ungeschickt, wie Ihr ohnehin schon seid – nicht in der Lage seid, ordentlich zu jagen. Du darfst nicht vergessen, dass es durchaus typisch für unser Verhalten ist, unsere Beute nicht dort zu verspeisen, wo wir sie erlegt haben. Schließlich wollen wir nicht selbst Opfer eines Räubers werden oder unsere erlegte Beute teilen müssen. Unser Jagdverhalten ist trotzdem angeboren und bleibt uns unser ganzes Leben lang erhalten.

Wir Katzen erkennen durchaus Unterschiede und Gemeinsamkeiten zu Euch Menschen, daher können selbst wir nicht eindeutig und klar beantworten, wie wir Euch sehen. Schließlich habt nicht nur Ihr Menschen unterschiedliche Einstellungen zu uns Katzen, auch bei uns spielen die Sozialisation und der erste Kontakt mit Euch eine entscheidende Rolle. Uns Katzen selbst sind jedenfalls nicht nur die optischen Unterschiede zu Euch Menschen bewusst. Wir lernen übrigens schnell, wie wir mit Euch umzugehen haben, Euch um den Finger wickeln und dressieren können. Einige von uns haben sogar mit unseren Menschen eine Art eigene Lautkommunikation entwickelt, mit der eine (sehr einfache) Unterhaltung möglich ist. In der Regel miauen erwachsene Katzen tatsächlich nur, um mit Euch Menschen zu kommunizieren. Je besser Du Dich also in unsere Welt versetzen kannst, umso mehr werden wir Dich als positiven Teil unserer Umwelt wahrnehmen.

Zusammenfassend kann man sagen, dass wir Katzen Euch Menschen im Wesentlichen als große, unbehaarte und vielleicht ein wenig begriffsstutzige und im Alltag ungeschickte „Riesenkatzen“ wahrnehmen.
Nichtsdestotrotz werdet Ihr natürlich durchaus geschätzt, weil ihr ja schließlich teilweise zur Befriedigung unserer Bedürfnisse in den Bereichen Nahrungsaufnahme und Zuwendung sowie Hygiene von Nutzen seid. Wir wissen zumindest in jedem Fall, dass Ihr Menschen uns prinzipiell freundlich gesonnen seid. Wenn Du freundlich zu uns bist, kannst Du also davon ausgehen, dass die Bindung einer Katze an Dich mindestens ebenso stark ausfällt wie umgekehrt.

KAPITEL 11

Versteht Ihr uns immer?

Was wir Euch (mit unserer Körpersprache) sagen möchten

Für Euch Menschen ist es relativ einfach, Euch mitzuteilen. Ihr sagt einfach, was Ihr möchtet oder denkt. Da wir aber Eure Sprache nicht beherrschen, müssen wir auf anderem Wege mit Euch kommunizieren. Zum Glück hat man uns Katzen eine ausgeprägte Mimik in die Wiege gelegt.
Diese im Zusammenspiel mit unseren Augen, Ohren und dem Schwanz sowie unsere Körperhaltung verraten Dir schon eine ganze Menge über unseren Gemütszustand und unsere Stimmung. Wir Katzen selber sind ziemlich aufmerksame Beobachter. Jede kleine Bewegung, jedes Blinzeln, jede Geste von Dir wird von uns genau registriert. Demzufolge solltest auch Du auf unsere Bewegungen oder Mimik achten und genau hinsehen, um uns zu verstehen.

11.1 LERNE MICH ZU LESEN

Gerne gebe ich Dir ein paar Tipps, worauf Du achten solltest:
Aufgestellte Schnurrhaare und nach vorne gerichtete Ohren zeigen Dir z. B., dass ich sehr aufmerksam bin. Wenn ich meinen Schwanz aber locker hängen lasse, kannst Du davon ausgehen, dass ich entspannt bin. Wenn ich Dich (oder jemand anderen) begrüße, stelle ich meinen Schwanz auf, damit Du weißt, dass ich Dir freundlich gesonnen bin.

Wie zeige ich Dir Freude?

Definitiv auch durch einen aufgestellten Schwanz. Wenn ich mich freue, laufe ich außerdem aufgeregt hin und her und begleite das Ganze mit einem aufmerksamen „miau“. Bist Du der Grund meiner Freude, weil Du gerade nach Hause gekommen oder am Morgen aufgestanden bist, streiche ich Dir auch gerne um Deine Beine oder reibe meinen Kopf an Dir. So signalisiere ich Dir, dass Du zu mir gehörst, was Ihr oft als „Köpfchen geben“ bezeichnet. Wir haben nämlich Duftdrüsen an unseren Wangen, mit denen wir eine (von Dir unbemerkte) Markierung hinterlassen.

Dieses ist der ganz persönliche „Familiengeruch“. Aber – im Vertrauen – wir sind auch ganz schön clever. Wenn wir nämlich betteln, zeigen wir Euch die gleichen Zeichen von Freude. Meistens kommen wir auch ganz gut damit durch.

Wenn ich (mit Dir) spielen möchte

Wenn ich Lust habe, zu spielen, zeige ich Dir das nicht zwingend mit meiner Körperhaltung. Vielmehr musst Du da auf mein ganzes Verhalten achten. Wenn mich so richtig der Spieltrieb packt, renne ich wie von der Tarantel gestochen durch die Wohnung oder den Garten. Außerdem wälze ich mich dann gerne mit den irrsten Verrenkungen über den Boden. Wenn ich dann noch mit meiner Pfote nach Deiner Hand oder gegen Dein Bein stupse, möchte ich gerne, dass Du gemeinsam mit mir spielst.

Achte auf meine Ohren, wenn Du meine Stimmung erraten willst

Hast Du einmal versucht, Deinem Gegenüber mit Deinen Ohren Deinen Unmut zu zeigen? Wir Katzen können so ziemlich jede Stimmung mit unseren Ohren ausdrücken. Bin ich Dir freundlich gesonnen, sind meine Ohren entspannt nach vorne gerichtet. Wenn etwas oder jemand meine Aufmerksamkeit erregt, drehe ich meine Öhrchen genau in diese Richtung.

Wenn ich meine Lauscher allerdings nach und nach zur Seite drehe, bin ich nörgelig und unzufrieden. Drehe ich sie noch ein Stückchen weiter nach hinten, sodass Du deren Rückseite schon sehen kannst, fürchte ich mich. Dieses ist aber auch gleichzeitig ein Warnzeichen, dass ich gleich angreifen könnte, wenn ich das Gefühl habe, bedroht und in die Enge getrieben zu werden.

Sollte aus meiner Furcht plötzlich Aggression werden, lege ich meine Ohren ganz flach an den Kopf. Dann ist aber keine Zeit mehr, da ich im Normalfall schon im nächsten Augenblick zum Angriff übergehe. Eine interessante Tatsache ist übrigens, dass meine wilden Artgenossen hinten auf ihren Ohren jeweils einen hellen Fleck besitzen. Zeigt die Rückseite der Ohren nach vorne, sehen diese Flecken wie ein zweites Augenpaar aus. Hierdurch wollten ursprünglich die Wildkatzen ihre Gegner einschüchtern.

Wenn wir Angst haben oder aggressiv sind

Wie eben schon erwähnt, liegen in dieser Situation unsere Ohren flach an und sind nach hinten gedreht. Um unseren Gegner einzuschüchtern machen wir einen Buckel und sträuben das Fell. So wirken wir größer und imposanter.

Ist diese Aggression mit Furcht gepaart, klappen wir unsere Ohren etwas mehr zur Seite, sträuben unseren Schwanz und knicken diesen leicht. Wenn wir den Schwanz ganz in die Waagerechte stellen, sind wir furchtbar angriffslustig.

Wenn Du Dir nicht sicher bist, ob wir uns gerade fürchten oder aggressiv gestimmt sind, schau in unsere Augen. Wenn ich z. B. richtig wütend bin, sind meine Pupillen schlitzförmig und eng gestellt. Fürchte ich mich aber oder bin erregt, sind meine Pupillen dagegen sehr weit.

Wir „sprechen“ sogar mit unserem Schwanz
Bei mir kommt das natürlich selten vor, aber wenn ich meinen Schwanz einziehe, zeige ich damit meine Unterwerfung. Hin und wieder zeige ich auch mal meine verletzliche Seite: Meinen Bauch. Aber denk dran, ich bin kein Hund, bei dem so eine Geste recht eindeutig ist. Wir Katzen können uns nämlich noch hervorragend mit unseren Krallen verteidigen, wenn wir auf dem Rücken liegen, andererseits fordern wir so Artgenossen oder unseren Menschen zum Spielen auf. Bei der Interpretation ist also immer der jeweilige Kontext ausschlaggebend. Fühlen wir Katzen uns unsicher oder haben einen inneren Konflikt, siehst Du unseren Schwanz zucken. Allerdings machen wir dieses auch bei der spielerischen Jagd. Wird es jedoch Ernst mit der Jagerei, wollen wir von unserer Beute natürlich nicht entdeckt werden und verhalten uns starr und still.

11.2 PRAKTISCHE TIPPS FÜR EINE BESSERE KOMMUNIKATION

Dosiere Deinen Blickkontakt
Zunächst einmal signalisiert Blickkontakt Aufmerksamkeit. Meine Augen sind dabei oft halb geschlossen. Daran erkennst Du, dass ich Dir freundlich gesonnen bin. Bitte starre uns niemals an, auch wenn Du in unsere Augen versinken könntest. Für uns gilt das grundsätzlich als Drohgebärde.
Blinzle uns doch einfach immer mal wieder deutlich zu. Wenn Du Glück hast und wir gut drauf sind, blinzeln wir zurück. Dann haben wir in unserer Sprache ein Lächeln ausgetauscht. Selbst wenn wir auf Artgenossen treffen, wenden wir immer mal wieder unseren Blick von diesen ab. So beruhigen wir einander und demonstrieren unsere Friedfertigkeit. Als Übersprunghandlung blinzeln wir auch des Öfteren, sind wir näm-

lich unsicher, signalisieren wir lieber erst einmal, dass wir nicht auf Streit aus sind.

Wir Katzen und die Liebe

Wir Mädels werden (je nach Rasse) zwischen dem vierten und zwölften Monat geschlechtsreif. Ab dann sind wir mehrmals im Jahr paarungsbereit, oder auch „rollig", was saisonabhängig ist. Zwischen Oktober und Dezember sind wir Mädchen meist gar nicht rollig, was aber bei reinen Wohnungskatzen häufig verlorengeht. Wenn wir Damen paarungsbereit sind, sind wir sehr unruhig, miauen gefühlt ununterbrochen, wälzen uns auf dem Boden herum und rollen dabei hin und her (daher der Begriff „rollig sein"). Außerdem stellen wir unseren Schwanz zur Seite, für die Kater DAS Signal, dass eine Kätzin paarungsbereit ist.

Unsere Kater werden im Schnitt mit acht bis zehn Monaten geschlechtsreif. Saisonabhängigkeit kennen sie nicht, die Herren sind also quasi immer paarungsbereit. Rollige Katzen riechen so verdammt gut, dass die Kater sie über große Entfernungen wahr-nehmen können. Da können auch Wohnungskater noch so brav sein, es geht dann einfach mit ihnen durch und verleitet die Herren zu manchem Ausbruchsversuch. Kommen die Kater in die Geschlechtsreife, markieren die meisten von ihnen ihr Revier, auch IN der Wohnung. Es gefällt den meisten Menschen gar nicht, aber dieses Verhalten kannst Du mit einer rechtzeitigen Kastration unterbinden.

Laute als Teil unserer Kommunikation

Wir Katzen kommunizieren vor allem über Gesten und Gerüche untereinander. Aber wir können natürlich auch „sprechen", da wir über ein ausgeprägtes Lautrepertoire verfügen.

Dieses geht weit über das Miauen hinaus. Knurren und Fauchen darfst Du als Warnung verstehen.
Kämpfen wir, geht dies in ein kehliges Heulen, bis hin zu Kreischen und Jaulen über. Zum einen zeigen wir damit unsere Aggression, zum anderen aber auch Furcht. Bin ich angespannt oder vom Jagdfieber gepackt, neige ich dazu, zu „schnattern", man könnte auch meinen, es sei ein Schmatzen. Sanftes Gurren demonstriert nicht nur unsere Paarungsbereitschaft, sondern beruhigt uns und andere auch. Wenn wir schnurren, heißt es nicht nur, dass wir uns wohl fühlen. Wir schaffen es sogar, hiermit unsere körpereigenen Selbstheilungskräfte zu aktivieren.

Katzenwäsche

Gute dreieinhalb Stunden am Tag verbringen wir damit, uns ausgiebig zu putzen. Primär dient dieses katzentypische Verhalten natürlich der Fellpflege. Wenn wir uns gegenseitig putzen, ist dieses jedoch wichtig für unsere soziale Bindung. Viele von uns lecken sich besonders oft und intensiv die Pfoten. Meist ist dies eine Übersprunghandlung. Du kannst das meist an uns beobachten, wenn wir aufgeregt, unsicher oder verlegen sind. Für uns ist das ganz einfach ein Stresslöser. Für uns ist das „Pfotenlecken" eine vertraute Handlung, mit der wir überspielen können, dass wir gerade nicht wissen, wie wir uns richtig verhalten sollen. Außerdem setzen wir durch das Lecken Glückshormone (Endorphine) frei.

Sind wir müde, wenn wir gähnen?

Mit dem Gähnen halten wir es wie Ihr Menschen auch: Wir tun es, wenn wir müde sind oder kurz nach dem Erwachen, dann kombiniert mit ausgiebigem Strecken. Wenn wir unser Mäulchen weit aufreißen, entspannen wir unsere Gesichtsmuskeln, vor allem aber bauen wir so Stress ab. Wenn wir also unsicher sind oder unsere Artgenossen beschwichtigen wollen, zeigen wir dies gerne durch ein ausgiebiges Gähnen. Übrigens lassen auch wir uns durch das Gähnen der Menschen anstecken.

Wenn Katzen schlafen

Die Behauptung, wir würden 12–16 Stunden am Tag schlafen, stimmt nicht so ganz. Tatsächlich verbringen wir die meiste Zeit dösend. Auch wenn unsere Augen geschlossen sind, registrieren wir immer genau, was gerade um uns herum passiert. Das erkennst Du leicht daran, dass wir mit unseren Ohren spielen und auf die leisesten Geräusche reagieren. Erweckt irgendetwas unsere Aufmerksamkeit, öffnen wir ein oder beide Augen und drehen unseren Kopf in die entsprechende Richtung. Dann entscheiden wir, ob es lohnenswert ist, uns dafür zu erheben, oder ob wir einfach weiter dösen. In den

Tiefschlaf fallen wir sehr selten, nämlich nur dann, wenn wir uns äußerst sicher fühlen, dann aber auch immer nur für wenige Minuten. Bitte fasse uns in so einer Situation nicht plötzlich an, sondern sprich vorher mit uns. Sonst könnte es sein, dass wir uns so furchtbar erschrecken, dass wir sofort angreifen und Deine Hand attackieren, ohne dies böse zu meinen. Ihr fragt Euch immer wieder, ob wir Katzen auch träumen. Vor allem, wenn Ihr uns im Schlaf mit den Pfoten rudern und zucken seht. Ob ich dann gerade wirklich davon träume, mit meinen Geschwistern zu spielen oder eine Maus zu fangen, bleibt aber mein Geheimnis.

Bin ich krank?
Unsere natürlichen Instinkte haben uns gelehrt, keine Schwäche zu zeigen. Daher zeigen wir (Euch) oftmals erst sehr spät, dass es uns wirklich schlecht geht. Deswegen bitte ich Dich, bei den ersten Anzeichen, dass es uns nicht gut geht, einen Tierarzt um Rat zu fragen.

Wahrscheinlich sind wir dann schon eine Weile krank und haben es nur gut versteckt. Woran erkennst Du aber nun, dass ich krank bin?
Zuerst spiele ich nicht mehr. Dies ist zwar nur ein erstes Anzeichen, aber besonders auffällig, wenn ich vorher einen ausgeprägten Spieltrieb hatte. Freigänger haben diesen oft deutlich weniger als Wohnungskatzen, daher ist bei diesen besonders auf andere Anzeichen zu achten.
Erst wenn es uns (noch) schlechter geht, ziehen wir uns zurück. Wir schlafen dann vermehrt, vermeiden es dabei aber, erhöhte Plätze aufzusuchen, um uns nicht anstrengen zu müssen. Hast Du das Gefühl, dass meine Schläfrigkeit in Apathie umschlägt, könnte dies ein Zeichen sein, dass ich Fieber

habe. Unsere normale Körpertemperatur liegt zwischen 38,5 und 39 °C. Auch wenn wir urplötzlich auf-hören zu fressen, ist das für Dich ein Zeichen, dass wir krank sein könnten. Wenn Du eines dieser Anzeichen entdeckst, rate ich Dir unbedingt einen Tierarzt zu kontaktieren!

KAPITEL 12

Zum guten Schluss

Vielen Dank, dass Du Dir die Zeit genommen hast, mein Buch bis zum Ende durchzulesen. Ich hoffe, ich konnte Dir, vor allem aber Deinen samtpfotigen Kameraden, einige wertvolle Tipps, Informationen, Ratschläge und Ideen vermitteln. Nun verrate ich Dir aber noch, wieso man mich Glückskatze nennt – eine kleine Anekdote zum Schluss also, mit der Du gewiss ein wenig angeben kannst. Denn schließlich weißt Du nun ohnehin schon eine Menge über mich und meine Artgenossen.

Glückskatzen, so wie ich eine bin, sind sehr selten. Man kann sagen, dass es eine Laune der Natur ist, dass in meinem Fell drei verschiedene Farben zu finden sind. So sind an manchen Stellen meines Fells die Gene für die rote Farbe, an anderen wieder die für die schwarze Farbe aktiv. Und weil auch bei uns Katzen die Gene manchmal sehr eigentümlich sind, haben meine noch eine Besonderheit, die zusätzlich noch eine weiße Fellfarbe mit ins Spiel bringt, sodass mein Fell also dreifarbig ist.

Das Gen, das unsere Fellfarbe bestimmt sitzt bei allen Katzen auf dem X-Chromosom. Wie bei euch Menschen besitzen unsere Herren nur ein X-Chromosom, sodass ihr Fell in der Regel rot oder schwarz ist. Wir Damen verfügen jedoch über zwei X-Chromosomen, daher sind Glückskatzen fast immer weiblich. Während so ein Katzenbaby allerdings in der Mama heranwächst, wird meistens ein Gen für die Farbe des Fells außer

Kraft gesetzt. So kommt es, dass nicht alle Katzenweibchen schwarzes und rotes Fell haben. Nach der Geburt dominiert dann entweder das Gen für die rote oder das für die schwarze Fellfarbe.

Wenn nun die beiden Gene für rot und schwarz an verschiedenen Stellen dominieren, dann noch eine Scheckung durch eine Genmutation hinzukommt (also die weißen Stellen im Fell), entsteht eine dreifarbige Katze.

Ich habe Dir nun viel aus meiner Welt, über mein Denken, mein Handeln, meine Vorlieben, erzählt. Viele Dinge habe ich Dir aber auch noch nicht erzählt. Dazu finden wir bestimmt auch noch Zeit, also wirst Du früher oder später wieder von mir hören/lesen. Du glaubst ja gar nicht, wie viel ich noch zu erzählen habe.

Deine Lucky

Printed in France by Amazon
Brétigny-sur-Orge, FR

13127272R00065